# MÉMOIRES D'UN OFFICIER ANGLAIS

SUR

# ZUMALACARREGUI

ET

## LES PREMIÈRES CAMPAGNES DE LA GUERRE

## DES CARLISTES DE 1833 A 1835

# MÉMOIRES

## D'UN OFFICIER ANGLAIS

### SUR

# ZUMALACARREGUI

### ET LES

## PREMIÈRES CAMPAGNES DE LA GUERRE DES CARLISTES

### DE 1833 A 1835

---

## TRADUITS DE L'ESPAGNOL EN FRANÇAIS

### POUR LA PREMIÈRE FOIS

## Par G.-A. BOERNER

*Avec une carte par le Commandant BOERNER*

## BAYONNE

IMPRIMERIE A. LAMAIGNÈRE, RUE VICTOR HUGO, 39

—

1887

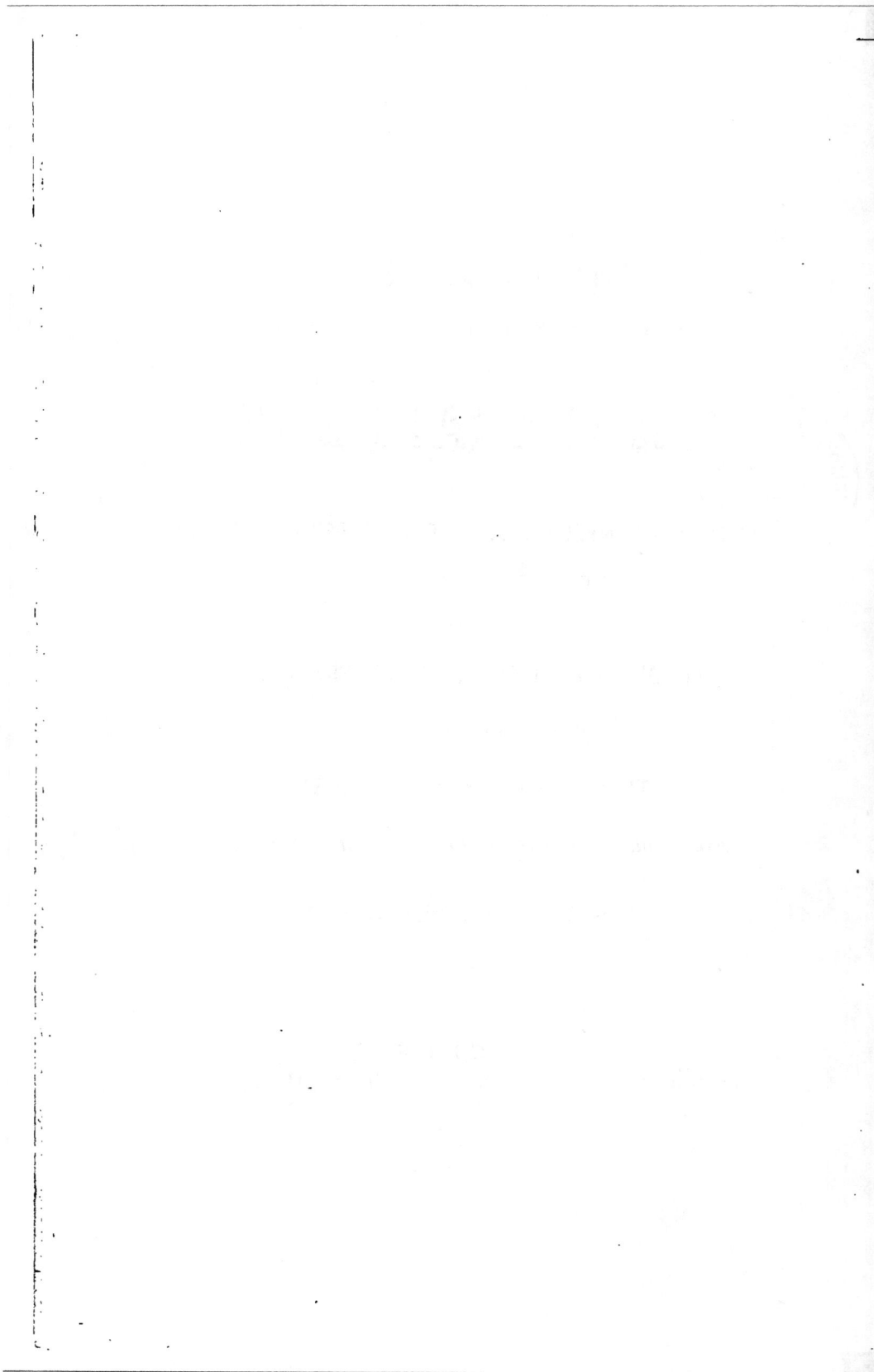

# AVANT-PROPOS

Au mois d'octobre dernier, feuilletant les volumes d'un bouquiniste de Madrid, je découvris chez lui ce petit livre. Il me parut intéressant, et, s'il ne contenait le récit de tant de scènes douloureuses, je pourrais ajouter, très-amusant à lire. Je le donne au public français qui, je l'espère, l'accueillera avec faveur. Il venait déjà de l'anglais : la préface de l'abréviateur espagnol dira comment. — La politique n'y a aucune part : ce ne sont qu'histoires de soldat.

Pau, décembre 1886.

G.-A. BŒRNER.

# PRÉFACE DE L'ABRÉVIATEUR ESPAGNOL

~~~~

Quatre années environ se sont écoulées depuis la mort de Zumalacárregui, ce chef de parti dont la célébrité est si affligeante pour sa patrie ; et pourtant, dans un pays qui possède à la fois et la liberté de la presse et un aussi grand nombre de littérateurs, nul n'a songé encore à parler d'un homme qui, bien que champion de la plus insensée des causes, a su néanmoins, grâce à nos malheurs et à l'incapacité de ses adversaires, plutôt que par son propre mérite, acquérir la réputation du personnage le plus marquant de toute la lutte actuelle.

L'aventurier anglais Henningsen, capitaine de lanciers au service du prétendant, se sépara de ce dernier après la mort de Zumalacárregui, et publia à Londres des mémoires sur ce guerillero fameux et sur les premières campagnes de Navarre. Le hasard les ayant fait tomber entre mes mains, je commençai par les considérer avec la méfiance d'un homme qui a vu un grand nombre de documents émanés de factieux, et qui a constaté dans tous la plus honteuse partialité. Mais je ne fus pas long à reconnaître que cette relation carliste, non entièrement exempte, il est vrai, du défaut que je redoutais, marquait cependant les faits avec exactitude, et avec plus de jugement que la plupart de ses pareilles. Toutefois, les deux épais volumes publiés par cet étranger étant tout encombrés d'épisodes et de détails qui ont à peine un rapport avec l'objet de leur titre, il me parut que l'on en pourrait utilement extraire ce qui avait trait directement à la biographie militaire du plus célèbre défenseur de la foi de l'époque actuelle. C'est le produit de ce petit travail que j'ai l'honneur de présenter au public.

L'histoire de Zumalacárregui appartient à l'histoire d'Espagne, comme celle de Catilina appartient à l'histoire romaine ; elle aurait donc tout naturellement dû être écrite par un Espagnol, et traduite dans une autre langue par un étranger. Or, comme aucun de nos nombreux publicistes n'a songé encore à l'écrire, il arrive au contraire que son auteur est un étranger, et que c'est un Espagnol qui l'a traduite.

# MÉMOIRES D'UN OFFICIER ANGLAIS

SUR

# ZUMALACARREGUI

—◇◇◇—

## PREMIÈRE PARTIE

## CHAPITRE I

Premiers soulèvements dans les provinces. — Chefs et promoteurs de l'insurrection. — D. Santos Ladron. — Sa
mort au premier combat de los Arcos. — Présentation de
D. Thomas Zumalacárregui aux carlistes. — Portrait de
Zumalacárregui. — Ses premières dispositions. — Graves
obstacles contre lesquels il eut à lutter. — Il organise des
partis de douaniers.

L'on croit généralement que D. Carlos n'a de partisans que dans la Navarre et dans les provinces
basques ; cependant, si l'on en juge par les événements de la guerre civile, il est facile de reconnaître que cette opinion n'est pas absolument exacte.
En effet, après la mort de Ferdinand, différentes
localités de la Castille se prononcèrent pour son
frère.

Les royalistes de cette province, et ceux des
provinces basques qui n'avaient pas encore été désarmés, au nombre de trente bataillons, n'hésitèrent
pas à proclamer D. Carlos. Le paysan nettoya ses
armes, qu'il n'avait pas maniées depuis l'époque
constitutionnelle ; un certain nombre d'officiers en
retraite et de petits gentilshommes campagnards re-

prirent leurs vieilles épées. C'est parmi ces personnages obscurs que se recrutèrent les chefs des premiers groupes d'insurgés, groupes qui se transformèrent peu à peu en bandes nombreuses, sans réussir toutefois à former autre chose que des masses mal armées, sans organisation, sans discipline, sans esprit d'obéissance, et que les troupes de la reine dispersèrent avec la plus grande facilité. Outre les bandes qu'avaient réunies Merino, Cuebillas et Barastegui (1), Zavala (2), le marquis de Valdespina, Armencha, Eraso (3) et Simon Torre levèrent plus de vingt mille hommes, et purent occuper Vitoria et Bilbao sans obstacle, presque toute l'armée sous les ordres des généraux Rodil et Sarsfield se trouvant alors à la frontière de Portugal. Quelques *guerillas* se formèrent aussi en Aragon et en Catalogne, mais elle ne purent, faute d'armes, prendre aucune consistance. En un mot, l'Espagne n'était pas soumise tout entière au gouvernement de la reine, et son armée était vivement inquiétée. Si les volontaires royalistes des autres provinces avaient suivi l'exemple des royalistes du Nord, la cause de D. Carlos eût fait des progrès considérables ; mais le parti de la reine y était aussi énergique, aussi nombreux et aussi puissant que le parti carliste s'y montrait faible et apathique. Aussi les bandes qui se soulevèrent d'abord furent-elles désarmées et dissipées avec une incroyable promptitude. Merino seul, avec deux cents cavaliers mal organisés, put tenir quelque temps dans les montagnes de Burgos.

D. Pierre Sarsfield, nommé vice-roi de Navarre, reçut l'ordre d'étouffer l'insurrection dans le plus bref délai. Cependant, quoiqu'il commandât les troupes de la reine, bien des gens, soupçonnant son véritable penchant, s'imaginèrent qu'il ne ser-

(1) *Barastegui*. — *Baratz*, jardin ; *tegui*, demeure.
(2) En basque : *large*.
(3) *Erazo*, contraint, forcé.

vait pas sa cause avec beaucoup de résolution, et il est incontestable que sa lenteur à désarmer les royalistes ne contribua pas pour peu de chose aux progrès de l'insurrection. En effet, au lieu de marcher sur Bilbao, il resta vingt jours à Vitoria, donnant ainsi aux chefs carlistes le temps de se préparer à la défense. Ces chefs étaient les brigadiers Zavala, Armencha et le marquis de Valdespina, homme d'un âge avancé, qui avait perdu un bras à la guerre de l'Indépendance, et sacrifié sa fortune à ses opinions. Quatorze mille hommes environ étaient réunis sous leurs ordres ; mais cette troupe, après avoir passé bien des jours sans vivres ni munitions, finit par se décourager, et par regagner ses foyers.

Les Alavais se débandèrent comme les Castillans qui les avaient rejoints. Les premiers prétendaient que les autres les avaient abandonnés, et ceux-ci, que les Alavais avaient tout perdu par leur inertie. Sarsfield se dirigea sur Durango, dont les autorités, soupçonnées d'adhésion à D. Carlos, lui présentèrent quelques centaines de fusils. Il répondit qu'il les prendrait une autre fois. C'était certes leur montrer une singulière confiance, ou bien permettre aux carlistes de s'emparer de ces armes. Toutefois, le découragement de ces derniers était alors à un tel point qu'ils n'eurent pas même l'idée d'en faire la tentative. — Le lendemain les troupes de la reine occupèrent Bilbao sans résistance. Sarsfield se comporta avec douceur. Aussi fut-il relevé de son commandement bientôt après, sous le prétexte spécieux de sa santé. Plus tard, lorsqu'après les désastres de Valdès on voulut de nouveau recourir à lui, il répondit avec ironie qu'il se sentait trop malade pour reprendre son commandement.

Armencha, Zavala, Eraso, personnages considérables du pays, et Simon Torre, continuèrent pour Carlos, avec leurs partisans les plus déterminés, dans les parties abruptes de la Biscaye et du Guipuzcoa, une campagne de *guerillas* dont les incidents sans importance ne causaient à la cour aucune inquiétude. Tous les jours il y avait de petites rencontres où les carlistes se montraient incapables de tenir tête au moindre corps de troupes régulières. On blâmait en Zavala une hésitation trop grande à exposer son monde, quoique nul ne doutât de son courage personnel ; on reconnaissait de l'audace à Simon Torre : mais Eraso était, en réalité, le seul homme capable d'organiser l'insurrection et de la conduire à bonne fin.

Cependant le soulèvement augmenta de telle sorte que, quant au nombre, les rebelles formaient déjà comme une véritable armée. D. Santos Ladron, originaire de Lumbier, et l'un des plus riches habitants de Lodosa, s'était distingué dans les guerres antérieures, et avait obtenu le grade de général. Connu pour ses opinions monarchiques, il fut, au moment où la reine prenait les rênes du gouvernement durant la longue agonie de son mari, envoyé en disponibilité à Valladolid ; mais après la mort de Ferdinand VII il se rendit dans son pays natal, décidé à employer son influence au service de l'infant, et souleva à Logroño les volontaires royalistes de cette ville et des localités environnantes. — A Logroño, cité réputée pour ses opinions libérales, il eût été facile de déjouer les plans de D. Santos si l'apathie et le manque de résolution du gouverneur militaire, D. Diego Ponce de Leon, n'avaient paralysé l'action des libéraux et favorisé ainsi D. Santos d'une notable manière. Non content du bon résultat qu'il avait obtenu dans la Rioja, il s'en alla sans retard recruter des partisans en Navarre. Il n'y fut pas cependant aussi heureux. L'un des caractères particuliers du peuple navarrais est d'être aussi lent à prendre une résolution qu'obstiné à y persévérer une fois qu'il l'a prise. Toutefois, D. Santos resta quelque temps dans la province, s'occupant à augmenter ses forces.

Bientôt il apprit que le vice-roi de Navarre, D. Antonio Solá, avait mis sa tête à prix, et envoyé le brigadier Lorenzo avec 1,500 hommes pour châtier son audace. Il semble incroyable qu'un chef, jouissant d'une certaine réputation militaire, ait commis la faute de détacher la moitié de ses troupes de Los Arcos à Lodosa au moment même où Lorenzo marchait sur lui. C'est dans la première de ces deux villes, située au pied de la montagne, en plaine, et sur la route de Logroño, que, comptant beaucoup trop sur des troupes insubordonnées et sans discipline, il résolut, avec plus de courage que de prudence, d'attendre l'ennemi. Dès que celui-ci parut, les carlistes précipitèrent leur tir, mais, comme on devait s'y attendre, après une légère résistance, la plupart d'entre eux se dispersèrent. Un grand nombre fut massacré ou pris. D. Santos, incapable de fuir, se trouva parmi ces derniers. Il fut fusillé plus tard à Pampelune, le 15 octobre 1833.

Iturralde (1), successeur de D. Santos, réunit et ramena dans les montagnes, après la déroute, tous les hommes qu'il put, s'occupant uniquement de les réorganiser. Ils étaient, en effet, dans un état pitoyable, sans armes, sans vêtements, sans argent et sans espérance. Ce fut donc lui qui commanda alors les forces réduites des insurgés, menacées d'une dissolution prochaine, toujours fugitives et continuellement tenues en haleine : et si à ce moment l'armée de la reine avait reçu quelques

---

(1) En basque : *près de la fontaine, à côté de la fontaine.*

renforts, il eût été possible d'étouffer la guerre civile dans son berceau.

Tel était l'état des choses, lorsque subitement les espérances de l'armée carliste reçurent une impulsion inattendue par la transformation en véritable armée de ce qui n'avait été jusqu'alors qu'un amas de misérables *guerillas*. Ce changement magique fut le résultat de l'arrivée d'un seul homme qui, en béret et alpargates, vint se joindre aux insurgés. Cet homme était Zumalacárregui (1). — Ce fut dans la vallée d'Araquil, tout près du chemin de Pampelune à Vitoria, qu'après s'être échappé de la première de ces deux places sous un déguisement, il se présenta pour la première fois aux royalistes découragés.

Ce n'est pas sa réputation de tacticien et d'officier intelligent, acquise en Navarre à une époque antérieure, qui inspira aux chefs carlistes la confiance qu'il saurait relever leurs affaires désespérées, c'est bien plutôt la manière résolue avec laquelle il leur offrit de les diriger dans des conjonctures où ils étaient enchantés d'éviter pour eux-mêmes la responsabilité d'un commandement épineux.

Thomas Zumalacárregui naquit, le 29 septembre 1788, de parents pauvres, dans le village d'Ormastégui (2), province de Guipuzcoa. A vingt ans, la guerre de l'Indépendance venant d'éclater, il quitta le domicile paternel et entra comme cadet dans l'armée de Mina. Il arriva promptement au grade de capitaine. On a prétendu que, dans sa jeunesse, il avait eu des idées républicaines, mais tous les actes de sa vie démontrent l'inexactitude de cette assertion. Il fut toujours partisan absolument déclaré

(1) *Zume*, osier ; *lakar*, sauvage ; *egui* ou *tegui*, demeure, lieu.
(2) *Ormastégui*, demeure close. *Orma*, clôture ; *tegui*, demeure, lieu.

du principe monarchique. Son caractère énergique et dur ne lui permit jamais la flatterie, et c'est pour cela sans doute qu'il était encore capitaine en 1822, lorsque Quesada lui donna le commandement du troisième bataillon de Navarre. En 1825, il commanda, comme lieutenant-colonel, un régiment d'infanterie légère et, plus tard, le troisième régiment de ligne, dont il fut nommé colonel effectif. Enfin, on le désigna pour le commandement du régiment d'Estramadure, 14e de ligne. Ses qualités d'organisateur étant connues, ainsi que son énergie et ses aptitudes au point de vue de la discipline, on le fit passer en peu d'années dans différents corps. Cependant ses antécédents politiques offraient à la reine bien peu de garanties et, en novembre 1832, il fut remplacé dans le commandement de son régiment par le brigadier Ceballos Escalera. Il se rendit alors à Madrid et, malgré toutes ses démarches, il ne put obtenir d'être réintégré. Le général Quesada, alors inspecteur général de l'infanterie, avait contre lui, depuis longtemps, un ressentiment particulier, et l'on prétend qu'il le traita avec dureté. Zumalacárregui se rendit à Pampelune avec sa femme et ses enfants, et il se trouvait dans cette ville depuis quelques mois au moment de la mort de Ferdinand VII. Dès longtemps sa résolution était prise, et, malgré le soin extrême avec lequel on le surveillait, il réussit à s'échapper le 29 octobre et à rejoindre les insurgés le 30.

Zumalacárregui avait toujours été considéré comme un homme d'un courage remarquable. Mais quand il eut observé de près l'armée française qui entra en Espagne en 1823, il s'adonna particulièrement à l'étude de la tactique militaire, et acquit dans cette science une réputation spéciale. Pendant qu'il était colonel, il fit continuellement des conférences pour l'instruction de ses officiers, de ses

sous-officiers et de ses caporaux. Son aptitude pour
tout ce qui avait trait à l'administration et à la discipline fit que les troupes placées sous ses ordres
se distinguèrent toujours parmi toutes les autres.
Aussi personne n'eût-il pu supposer qu'un homme
qui s'était fait connaître comme tacticien et comme
maître en discipline, pût acquérir encore une renommée nouvelle comme chef consommé de partisans.

Quoique Zumalacárregui eût été reçu à bras ou-
verts par les carlistes, et que tous les autres chefs
lui eussent bien volontiers cédé un commandement
aussi périlleux, ses premiers pas furent entravés
cependant par des obstacles sérieux et il eut besoin,
pour les surmonter, de toute cette énergie parfaite
et sereine, dont il a donné depuis des preuves si
nombreuses. Iturralde refusa de lui obéir, prétendant que c'était lui qui avait le premier proclamé
Don Carlos, et qu'il était général nommé par le
prince lui-même. Zumalacárregui avait pris déjà
sur ses troupes l'ascendant qu'obtiennent toujours
les hommes de mérite, et lorsqu'Iturralde lui envoya deux compagnies d'élite pour l'arrêter, lui,
comme si ces troupes étaient venues se placer sous
ses ordres, s'avança vers elles, et leur commanda
d'un ton résolu d'aller arrêter Iturralde lui-même.

Il fut aussitôt obéi. Lorsqu'Iturralde, après son ar-
restation, fut amené devant Zumalacárregui, celui-ci
le nomma son second, et lui déclara en même temps
qu'à moins d'ordres de Don Carlos, il ne céderait
le commandement qu'à Eraso, le premier qui eût
proclamé le prince. Au moment où il parlait ainsi,
il comptait probablement qu'Eraso, réfugié en France, n'en reviendrait pas : cependant, lorsque ce dernier rentra en Navarre, Zumalacárregui tint sa parole, et lui offrit le commandement. Devant une
pareille façon de procéder, devant l'ascendant que

prit Zumalacárregui, les anciennes dissensions ces-
sèrent et avec elles s'éloignirent les questions de
préséances qui avaient divisé les chefs carlistes,
au grand détriment de leur cause.

Zumalacárregui avait alors quarante-cinq ans. Il
était de taille ordinaire, quoique la largeur particulière de ses épaules le fit paraître plus petit. Son
visage, peu agréable, était remarquable cependant
par son expression. Brun, assez pâle, il avait les
yeux et les cheveux noirs. Sa moustache et ses épais
favoris se rejoignaient : son regard était perçant et
comme étincelant : l'expression de sa physionomie,
triste et pensive. Il était bref et brusque dans la
conversation ; ses manières étaient sèches. J'ai entendu dire à ceux qui l'ont fréquenté avant qu'il
fût devenu chef de partisans, et même à sa veuve,
que son caractère avait beaucoup changé dans les
dernières années de sa vie. Il avait été toujours
naturellement sérieux, mais sans s'abandonner aux
excès de colère auxquels il se laissa aller si souvent pendant qu'il se trouva à la tête de l'insurrection. Il faut bien convenir d'ailleurs que tant de
scènes sanglantes, la mort de ses meilleurs et de
ses plus chers partisans, toutes les horreurs enfin
qui accompagnent une guerre civile aussi désastreuse, devaient bien altérer le caractère de cet
homme extraordinaire.

Quoiqu'on ne le vît presque jamais gai, il ne manquait pas cependant de sourire lorsque, en face des
morts et des blessés, au milieu d'un combat, son
état-major se groupait autour de lui. Il semblait
alors observer le visage de ses officiers, sans doute
pour reconnaître ceux à qui le sifflement des balles
produisait l'effet le plus désagréable. Il ne connut
jamais la peur, et quoique, dans les premiers temps,
il eût eu besoin de montrer plus souvent une audace excessive, pour conquérir l'affection de ses

2

partisans, il faut reconnaître encore que toujours il
dépassa les limites de la prudence. Lorsqu'il reçut
la blessure dont il mourut, chacun affirma que
c'était par miracle que cent fois déjà il n'était pas
resté sur la place. Sans se préoccuper du danger
qu'il courait personnellement, il chargeait toujours
à la tête de sa cavalerie. et ordinairement, monté
sur un cheval blanc, il s'avançait lui-même pour
rassembler et dégager ses tirailleurs. Ce cheval
était si connu de l'ennemi que tous les autres de
même robe qui appartenaient aux officiers de son
état-major furent tués au bout de trois mois. Il
portait toujours le même costume. Quand il mon-
tait à cheval, ou lorsque, selon sa coutume, il marchait à pied à la tête de ses colonnes, suivi de son
état-major composé d'environ cinquante ou soixante
officiers, l'aspect du groupe ainsi formé était des plus
extraordinaires. L'apparence, le costume du général,
son béret qui, à une certaine distance, ressemblait à
un turban incarnat, lui donnaient bien plutôt l'air
d'un chef oriental que d'un général européen. On
aurait pu le prendre pour Scanderberg à la tête de
ses Albanais. Et il est bien certain que ces barba-
res eussent eu de la peine à s'accoutrer d'une manière plus grotesque que les carlistes. Quant à moi,
Zumalacárregui, par son caractère, ses sentiments,
ses vêtements et ses manières, m'a paru toujours
un homme privilégié, un homme destiné à commander aux autres.

Comme tous les hommes d'un tempérament ar-
dent, il avait le défaut d'être vif et colère ; dans ses
emportements il se laissait aller parfois à des ac-
tions qu'il regrettait plus tard et qu'il réparait incon-
tinent ; plus d'un officier a dû de l'avancement à des
reproches trop sévères du général. Une année de
relations et d'observation minutieuse me permet de
formuler un jugement sur Zumalacárregui, et je

puis affirmer que l'avarice ne trouva jamais place en son cœur Entièrement dévoué à la cause qu'il servait, il n'avait qu'une idée fixe : la faire réussir ; sans que je prétende toutefois qu'il fût insensible à l'attrait de la gloire ou de la renommée militaire. Le mépris de l'or était en lui un trait caractéristique ; il donnait, sans compter, tout ce qu'il possédait. Il est arrivé que des officiers subalternes ont dû payer sa dépense au café.

Après la mort du général, j'allai visiter sa veuve et pris la liberté de lui adresser quelques demandes relatives à l'illustre défunt ; certains détails que me donna cette dame m'ont été fort utiles pour la composition de ces mémoires.

Un officier qui avait vécu autrefois avec Zumalacárregui, à Madrid, me dit qu'on le tenait pour un homme original, simple et débonnaire avec ses inférieurs, grave et même orgueilleux avec ses supérieurs. Cet officier était alors bien loin de prévoir que ce pauvre chef de bataillon arriverait un jour à organiser des forces aussi considérables, et à vaincre successivement tant de généraux.

Tant que vécut Ferdinand, Zumalacárregui déclara toujours aux partisans de D. Carlos que, s'ils se soulevaient, il les considérerait comme des rebelles et n'hésiterait pas à les combattre ; mais que, si le roi venait à mourir, il serait un défenseur déterminé de l'infant.

Quoique Zumalacárregui fût aussi sévère pour les autres que pour lui-même, et qu'il ne comptât pas avec la fatigue de son monde, pour les marches les plus difficiles et les plus pénibles que l'on ait jamais faites, ses soldats cependant ne l'en aimaient pas moins ; ils ne le désignaient jamais que sous le nom d'*oncle Thomas*. Son courage, l'habileté avec laquelle il les sauva tant de fois des périls les plus imminents, les triomphes qu'il leur fit obtenir, expliquaient suffisamment leur affection pour ce chef aussi aimé que respecté. Son ascendant sur ses troupes était véritablement extraordinaire. Sans vêtements, sans solde, sans vivres et même sans armes, elles se fussent hasardées avec lui à n'importe quelle entreprise. Elles avaient pour leur général l'enthousiasme de l'armée française pour Napoléon, et ce sentiment était partagé par toutes les populations des provinces basques et de la Navarre

Je demandai un jour à un soldat quelles étaient les forces qu'avaient les carlistes à Piedramillera, localité près de laquelle se trouvaient des troupes ennemies en grand nombre. Il me répondit qu'ils y avaient deux bataillons

Je ne pus m'empêcher de m'écrier alors : « Quoi ! deux bataillons seulement ! » — « Oh ! répliqua le Navarrais, mais c'est que le général y est aussi. »

Quand je pris parti parmi les carlistes, Zumalacárregui n'avait encore que la réputation d'un chef de partisans heureux, n'ayant su qu'échapper aux poursuites des troupes de la reine. Aussi, conformément à l'opinion qu'on m'en avait donnée avant mon arrivée dans les provinces, je m'attendais à trouver en lui un homme ignorant. Je venais prendre du service pour D Carlos et avais une certaine prévention contre son général ; et pourtant, après avoir fait partie de son armée et l'avoir connu très-peu de temps seulement, si D. Carlos avait abandonné sa propre cause, je n'aurais pas hésité à rester sous les ordres de Zumalacárregui. La preuve la plus claire de la supériorité de cet homme était l'ascendant qu'il sut prendre et qu'il prit sur tous les autres chefs, enfants du pays presque sans exception, considérés, jouissant d'un grand prestige dans leurs localités, et qui, en ne l'appréciant pas et en ne se soumettant pas aveuglément à sa direction, auraient pu singulièrement contrarier ses projets.

Quoique la population du pays dans lequel se faisait la guerre se prêtât pour ainsi dire en masse à seconder ses intentions, et l'aidât de tous ses moyens, il faut reconnaître néanmoins qu'il eut à lutter contre d'énormes difficultés, parmi lesquelles la plus grande était l'insuffisance de son armement. Avec peu d'armes, et dépourvu entièrement d'argent, ne pouvant recevoir de secours ni de France ni d'Angleterre, à cause de la surveillance extrême que l'on exerçait dans les Pyrénées et sur les côtes, il se vit obligé de fixer le théâtre de ses opérations dans les pays les plus rudes et les plus montagneux, et de réserver pour plus tard le moment de s'étendre graduellement vers des territoires plus découverts.

Deux difficultés considérables le préoccupaient au commencement. D'un côté, les hommes qu'il levait ne reconnaissaient aucune espèce de commandement, de discipline, ni de subordination, et ne formaient qu'un ramassis de montagnards intraitables et sauvages. Il eut à les organiser à mesure que la réussite de ses premières opérations lui donna le temps et la possibilité de s'occuper de cet objet principal. En second lieu, il se trouvait dans la nécessité de faire face à des troupes qui étaient un modèle d'organisation. Son premier soin fut de se faire craindre et obéir ; de cette manière, il commença de jour en jour à régulariser sa petite armée, la conduisant, à mesure qu'elle augmentait, par des sentiers difficiles, par les chemins les moins praticables de la Navarre, jusque dans le voisinage de l'ennemi, et excita ainsi son courage et son ardeur. Jamais, dans un combat, il n'attaqua sans pouvoir compter sur une heureuse réussite. Pour arriver plus vite et plus facilement à organiser son armée, il adopta la mesure qui, à d'autres époques, avait été reconnue comme la plus avantageuse pour un pays de montagnes. Au lieu de former des régiments, il divisa ses forces en bataillons sous les ordres de colonels, et, convaincu que l'audace et la rapidité des mouvements étaient les meilleurs moyens pour obtenir des succès sur le genre d'adversaires qu'il avait devant lui, il équipa ses hommes de la façon la plus légère qu'on pût imaginer. La tenue et l'armement du carliste étaient un béret très-léger en guise de shako, une cartouchière en guise de giberne et de fourniment, une capote grise, deux paires de pantalons incarnat, des souliers et deux chemises. On avait supprimé, comme trop embarrassant, le sabre et le havresac. Celui-ci était remplacé par un petit sac de toile. Il est aisé de se figurer que des troupes ainsi équipées devaient dépasser en légèreté celles de n'importe quelle armée régulière, et cette considération devait être d'un poids considérable pour Zumalacárregui, dans les conditions où il se trouvait placé.

Cependant il est indubitable que le plus grand avantage des carlistes consistait dans l'assistance et la protection qu'ils rencontraient chez les habitants du pays. Là, de tous côtés, les volontaires trouvaient secours et hospitalité ; les libéraux, au contraire, des ennemis décidés.

Zumalacárregui, comptant sur l'adhésion ardente des habitants, et fort des relations que, depuis longtemps, il avait avec un grand nombre d'entre eux, put organiser un service d'espions et d'émissaires capables de ne lui laisser rien ignorer, même des moindres mouvements de l'ennemi. Il savait la force et l'organisation de chacun de ses régiments, peut-être mieux que l'officier qui le commandait ; en un mot, il était au courant des circonstances les plus insignifiantes qui eussent rapport à ses adversaires.

L'on jugea d'abord téméraire que Zumalacárregui eût osé proclamer le blocus de toutes les places, ou de tous les points que les troupes de la reine auraient fortifiés ; mais lorsque Rodil eût adopté le système de fortifier les villages et les bourgs, les résultats justifièrent l'excellence de cette mesure. A première vue elle paraissait une simple fanfaronnade de la part d'un homme contraint de fuir devant la plus petite division des troupes de la reine, mais on lui rendit justice aussitôt qu'il eut formé un corps de douaniers, composé, pour la plus grande partie, de contrebandiers des Pyrénées. Ces hommes, qui de génération en génération ont toujours suivi le même genre de vie, sont doués d'une ténacité peu commune et d'un instinct supérieur pour tout ce qui touche à leur profession hasardeuse et vagabonde. Zumalacárregui en forma des partis de quarante à cinquante hommes, dirigés par les plus adroits et les plus audacieux d'entr'eux, et qui connaissaient en même temps d'une façon parfaite les environs immédiats de chaque lieu de garnison.

De cette façon Zumalacárregui réussit à couper les vivres aux points fortifiés et à intercepter leurs communications. Ces partis étaient destinés aussi à percevoir les droits dus par les commerçants, les muletiers et les charretiers.

Quand un corps ou un détachement quelconque de troupes de la reine sortait de sa garnison, une douzaine de ces douaniers, profitant des accidents du terrain, le harcelait continuellement et le poursuivait de sa fusillade, et, si quelque troupe était envoyée pour les déloger, ils se dispersaient et disparaissaient, mais presque toujours après avoir occasionné plus ou moins de pertes à l'ennemi. D'autres fois ils s'obstinaient à suivre les colonnes en marche, s'emparant des traînards et les massacrant : genre de guerre ignoble, barbare, toléré seulement dans une guerre à mort, alors que les forces carlistes ne pouvaient encore, à cause de leur petit nombre et de leur défaut d'organisation, combattre d'une façon régulière.

# CHAPITRE II

Arrivée de l'auteur en Espagne. — Il se présente aux rebelles. — Combat près de Lecaroz. — Zumalacárregui organise rapidement ses troupes. — Combat d'Alsasua et défaite de Quesada. — O'Donnell et les prisonniers sont fusillés. — Moyens de rigueur employés par Zumalacárregui. — Sa tactique.

Après mille précautions, et quelques inquiétudes, je réussis enfin à passer a frontière de France par la partie des Pyrénées la plus voisine d'Echalar (1), et c'est dans le village de Lecaroz, où se trouvait le cinquième bataillon de l'armée carliste, que je me présentai au colonel Sagastibelza (2), l'un des chefs de partisans les plus renommés. C'était un homme d'une quarantaine d'années, fort, à l'œil intelligent. On lui avait confié la défense de la vallée de Bastan, et il y fit si bien qu'il n'en put jamais être délogé. Alors que les troupes de la reine fortifiaient Elizondo (3) et San Esteban, et occupaient Lecaroz, Sagastibelza maintint ces trois points en état de blocus continuel. Ses hommes étaient vêtus sans aucune espèce d'uniformité, de capotes, les unes grises, les autres brunes ; mais tous étaient bien pourvus de fusils et de cartouchières : belle troupe, née dans ces montagnes, et respirant l'agilité et la vigueur.

Poursuivant ma route, et traversant, le matin, la chaîne qui s'étend jusqu'à Pampelune, je rencon-

(1) En basque : *maisonnette*. — Etymologie : *elche*, maison ; *larre*, lande, lande habitée.

(2) En basque : *pommier noir*. — Etymologie : *sagasti*, verger ; *belza*, noir.

(3) En basque : *près de l'église*.

trai de nouveau, dans un défilé, un parti d'hommes armés. C'était le sixième bataillon carliste, qui revenait d'une escarmouche contre les troupes de Lorenzo, et se dirigeait sur Lecaroz avec une trentaine de blessés. Je fus obligé de revenir sur mes pas avec eux.

Quoique Sagastibelza n'eût à sa disposition que trois bataillons, formant à peine deux mille hommes, il résolut de défendre la forte position de Lecaroz et d'attendre l'ennemi. Lorenzo avança, décidé à le déloger ; mais ses hommes étaient si fatigués que l'attaque fut molle, quoique la fusillade durât jusqu'à la nuit. Pour arriver à Elizondo sans être inquiété, l'ennemi avait absolument besoin de s'emparer d'abord de Lecaroz, et c'est pour cela que Lorenzo, tentant un effort vigoureux et inattendu, une fois la nuit tombée, obligea les nôtres à se replier sur les hauteurs voisines de Lecaroz, et pénétra enfin dans ce bourg sur le tard.

La première action sérieuse à laquelle j'aie assisté fut celle où Zumalacárregui attaqua le général en chef de l'armée du Nord. Quesada, enhardi sans doute parce que le chef des carlistes continuait à se retirer devant lui, Quesada voulut, comme il l'avait fait déjà, s'emparer de la vallée d'Araquil, et dans cette intention, après avoir passé la nuit à Olazagoitia (1), il arriva à Alsasua, l'un des villages les plus importants de la Navarre. Il fit faire halte à ses troupes à droite du chemin de Vitoria à Pampelune, à peu de distance d'une petite rivière sur laquelle passe, en cet endroit, un vieux pont de bois. Ceux qui ont parcouru ce pays se souviendront d'avoir vu à ce point de la route une grande et vieille auberge, assez vaste pour qu'on pût y abri-

(1) En basque : *champ d'avoine élevé* ou *Olazagoitia*, pâturages élevés.

ter une couple d'escadrons. Le village se trouve
sur une colline voisine, où commence une immense forêt, qui va jusqu'en Guipuzcoa. Telle est la position qu'occupait Zumalacárregui avec presque
toutes ses forces, composées de trois bataillons
d'Alavais, quatre de Navarrais, deux de Biscayens
et un de Guipuzcoans, outre un bataillon de Castille, et l'ensemble de la cavalerie, qui comportait
trois escadrons. Il commença à attaquer l'ennemi
avec ses troupes. Quesada, méprisant son adversaire, lui envoya une lettre avec l'adresse : « Au
chef des bandits », dans laquelle il intimait, à lui et
à son monde, l'ordre de déposer immédiatement
les armes pour éviter l'effusion de sang Le pli, non
ouvert, avec son porteur, furent renvoyés à Quesada, avec l'avis verbal que personne n'avait voulu
ouvrir la lettre. puisqu'elle ne paraissait destinée
à aucun des chefs carlistes. Quesada, au lieu de
prendre l'offensive, évita le combat qui déjà s'en-
gageait, et se contenta de s'établir dans une position peu éloignée, et plus élevée, où il se maintint
en observation. Zumalacárregui, désireux de tirer
parti de sa supériorité numérique momentanée,
résolut d'attaquer cette position par derrière, grâce
à un habile mouvement de flanc. Les troupes de la
reine opposèrent une résistance obstinée, et le
combat fut des plus opiniâtres. On voyait de tous
les côtés le chef carliste animant les siens au milieu du feu ; à force de persévérance, et après trois
attaques consécutives, il réussit à obliger l'ennemi à évacuer le coteau et à se retirer, en bon ordre, il est vrai, mais non sans laisser sur la place
une partie de ses morts et quelques blessés. Le
succès de Zumalacárregui eût été complet sans
l'arrivée de Jaurégui (1) avec un millier d'hommes

(1) En basque : *château*.

qui, hâtant sa marche, aida Quesada à sortir d'un aussi mauvais pas. En tout l'on s'empara de quatre-vingt-quatre prisonniers, sans compter une compagnie entière de la garde royale provinciale, et d'une certaine quantité de bagages. Parmi les prisonniers était l'info tuné Léopold O'Donnell, qui s'était signalé par sa bravoure. Saisi d'une attaque d'épilepsie au moment où il se trouvait au milieu des derniers échelons des troupes en retraite, il ne put être emmené par les siens, et fut pris par les Navarrais.

Zumalacárregui, convaincu que pour fortifier sa cause il était nécessaire de se servir des moyens dont usaient les généraux de la reine pour étouffer l'insurrection, n'hésita jamais à exercer de cruelles représailles. Une fois soulevé, une fois placé à la tête de gens qui combattaient un gouvernement constitué, il se voyait obligé d'imiter les actes de rigueur de ce gouvernement, et d'immoler victime pour victime. Cependant l'admiration que j'ai toujours professée pour la persévérance et le génie supérieur de cet homme remarquable ne doivent pas, lorsque j'écris sa vie, m'entraîner à son égard même à la moindre partialité. Je dirai donc que, emporté par l'énergie qui distinguait tous ses actes, et prédominait dans son caractère jusqu'à atteindre la dureté, non-seulement il exerça des représailles, mais encore, pour la plupart du temps, les poussa jusqu'à l'excès. Ses admirateurs exagérés prétendent justifier ses violences sanguinaires en laissant supposer qu'il voulait obliger p r là les troupes de la reine à arrêter l'effusion du sang espagnol de crainte de représailles. Je ne sais jusqu'à quel point cette supposition extraordinaire est fondée, mais j'estime, quant à moi, qu'il n'est aucune circonstance où l'humanité oblige l'homme à se montrer cruel.

Les officiers pris dans l'affaire d'Alsasua (que
l'esprit de parti cherche ou non à excuser un
attentat aussi atroce sous prétexte de représailles) furent tous passés par les armes, et
parmi eux le malheureux D. Raphaël Clavijo, déjà
mourant de ses blessures. Ni leur jeunesse ni leur
valeur ne sauvèrent le généreux O'Donnell et ses
camarades ; ils périrent tous après que, à leurs
derniers moments, ils eurent noblement repoussé
des propositions qui leur permettaient de conserver
la vie au prix de leur honneur. Un sort pareil échut
à vingt-huit soldats infortunés, dignes d'une meil-
leure destinée, qui refusèrent de prendre parti
pour D. Carlos. Les autres passèrent à son service ;
mais peu de jours après ils désertèrent pour aller
rejoindre leurs anciens drapeaux ; et, plus tard, un
grand nombre d'hommes de troupe usèrent du
même moyen pour éviter, sinon la mort, du moins
la dure condition des prisonniers de guerre.

Peu de temps après, un autre combat eut lieu
près de l'endroit célèbre appelé Las Dos Hermanas (1). Quoique, dans cette affaire, les pertes des
carlistes fussent considérables, celles des cristinós
le furent à tel point que le nombre de leurs blessés
produisit une immense impression à Pampelune et
dans les localités environnantes, où l'on avait déjà
répandu le bruit du complet anéantissement du
parti carliste. Cette rencontre se passa à l'extrémité de la vallée de Gulinas, qui touche à la route de
Pampelune à Tolosa, et en face du village de
Gulinas, situé au milieu des rochers, à une portée de fusil de cette route. La vallée s'étend entre
deux énormes montagnes, ou plutôt deux rochers
gigantesques auxquels on a donné le nom de : Las
Dos Hermanas. Quesada et Lorenzo, se disposant à

(1) En espagnol : *les deux sœurs*.

aller occuper la Borunda, ne furent pas médiocre-
ment surpris de rencontrer les troupes de Zumalacárregui déjà maîtresses de ce passage. Zumalacárregui avait occupé les hauteurs, et se disposait à
profiter d'une position rendue aussi avantageuse
par les difficultés et les inégalités du terrain. Aussitôt le combat commença. Chaque rocher, chaque
arbre fut défendu. Lorenzo, après un effort déses-
péré, s'empara de la position que Zumalacárregui
abandonna à propos, ne voyant aucun avantage à la
conserver, mais en trouvant, au contraire, à la
livrer à l'ennemi après lui avoir fait subir des pertes sensibles. Les carlistes eurent trois cents hommes hors de combat : les troupes de la reine en
perdirent beaucoup plus encore.

Il me paraît utile de présenter ici quelques observations sur cette affaire, afin d'indiquer de quelle façon Zumalacárregui s'était proposé de faire la
guerre. Il entrait dans le système de ce militaire
habile de poursuivre son ennemi à l'aide de surprises continuelles et d'attaques de détail, comme
avait fait autrefois Mina, tant qu'il n'aurait que des
troupes peu aguerries, et il est incontestable que
telle doit être la règle de conduite de tout chef qui
commande à des forces mal disciplinées, dans des
pays difficiles. Zumalacárregui se proposait aussi
de former ses gens à des opérations plus importan-
tes par des rencontres nombreuses. De même que
les Tartares et les Bédouins dans leurs déserts, de
même aussi les montagnards dans leurs montagnes,
sont difficiles à subjuguer, et parfois, à l'aide de
combats insignifiants mais répétés, ils arrivent à
triompher de l'invasion, même d'armées nombreuses. Cependant les circonstances ne sont pas absolument les mêmes dans une guerre civile, où les
événements sont plus ou moins graves et plus ou
moins imprévus C'est ainsi que, commandant aux

forces de tout un parti, Zumalacárregui dut cependant limiter ses vues aux contrées montagneuses,
afin qu'elles lui servissent de point de départ pour
s'élancer de là à des entreprises décisives, et ce
système lui réussit si bien qu'il arriva à vaincre et à
détruire en détail, grâce à des mouvements rapides
et bien combinés, les forces supérieures que le
gouvernement envoyait contre lui.

Une autre considération ne pouvait échapper non
plus à Zumalacárregui, et devait exciter son activité et son désir de réussite ; c'est que, comme on
voit qu'un peuple souffre difficilement le joug étranger, de même aussi, quand il s'est soulevé en masse contre son propre gouvernement, dès que ce
dernier acquiert quelque prestige par les armes,
on le voit facilement s'abandonner au découragement. Aussi Zumalacárregui jugeait-il indispensable de donner continuellement une nouvelle vie à
l'insurrection, et de l'étendre de plus en plus, en
affaiblissant progressivement les troupes envoyées
pour l'étouffer. Dans ce but, il profitait de toutes les
occasions qui se présentaient de combattre avec
des probabilités de succès, comptant qu'elles ne
pouvaient lui manquer alors qu'il faisait la guerre
dans un pays ami, contre des généraux qui ne devaient pas manquer de les lui offrir par le seul effet
de leur ambition et de leur trop grande ardeur.
Maintes fois il livra des combats avec peu de
monde, mais toujours dans des positions où il ne
pouvait être enveloppé, et il les défendait avec le
plus de ténacité possible, les évacuant dès qu'il était
assuré d'avoir occasionné des pertes à l'ennemi.

Pendant la nuit les troupes carlistes, sans crainte
d'étendre leurs lignes, occupaient toujours beaucoup
plus de villages que les troupes de la reine : un nombre considérable d'émissaires et de douaniers les
informait rapidement et à propos de tout ce qui se

passait, et, pour les mêmes raisons, elles recevaient
régulièrement leurs distributions journalières ; l'ennemi, au contraire, passait fréquemment la nuit à
camper, ou bien dans des hameaux misérables.
Beaucoup de ses soldats mouraient de froid, ils recevaient tardivement leurs rations : parfois ils ne les
recevaient pas du tout. Rarement, quand ils n'é-
taient pas dans des lieux fortifiés, ils pouvaient se
livrer au repos avec tranquillité et sans exercer une
extrême surveillance; Zumalacárregui était leur
fantôme ; continuellement il les observait de très-
près. Ce n'est qu'en triomphant dans les combats,
et au prix de beaucoup de sang versé, qu'ils acqué-
raient le stérile honneur de rester les maîtres d'une
position. Grâce à cette méthode, Zumalacárregui
réussit à décimer, d'une manière que ne pourraient
croire ceux qui ne l'ont pas vue, les vétérans de la
reine ; régulièrement il perdait beaucoup moins
d'hommes qu'eux, et, d'ailleurs, que lui importait
la perte des hommes, pourvu qu'il conservât les
fusils ?

Au commencement il ne pouvait obtenir que ses
paysans armés résistassent au feu même quelques
minutes ; mais il les accoutuma progressivement
jusqu'au point de les faire tenir dans leurs positions
durant des journées entières, et parfois de poursuivre l'ennemi à la baïonnette. Ses bataillons favoris,
les guides, allaient toujours au combat en chantant.

Dans les journées des 27 et 28 octobre, ce fut
une charge à la baïonnette qui causa de grandes
pertes à l'armée des cristinos; dont les troupes, for-
mées en bataille, furent rompues et décimées par
l'attaque impétueuse des Navarrais. Cet échec ser-
vit de leçon aux généraux de la reine, car, dans la
suite, ils attaquèrent toujours en masse, et jamais, quand ils étaient formés ainsi, les carlistes
n'osèrent les aborder à la baïonnette. Zumalacár-

regui, voyant que, de cette façon, le résultat de ses
attaques pourrait devenir douteux, se contenta de
déployer la moitié de ses forces en tirailleurs, et de
conserver le reste groupé en réserve. C'est dans ce
genre de combat, en ordre déployé, que ses soldats
montrèrent toujours le plus de courage et d'adresse.
Leurs coups portaient presque tous.

Le proverbe favori de Zumalacárregui était : « A
la guerre, nous nous trompons parfois » ; carac-
térisant ainsi sa prudence excessive et ses précautions continuelles, prudence qui toutefois s'appli-
quait non à sa personne, mais à son armée. Jamais
il ne s'aventura à aucun combat dont le résultat eût
pu compromettre le salut de ses troupes, et il est
digne de remarque que, du jour où il prit le commandement, jamais les circonstances, même les
plus difficiles, ni les vicissitudes les plus variées,
ne l'empêchèrent de faire prospérer et avancer la
cause de D. Carlos. Combien ne devaient pas admi-
rer son expérience et son intelligence ceux qui
avaient vu l'état primitif de son armée, misérable
ramassis de paysans, et pouvaient le comparer à
l'état où il la laissa à sa mort!

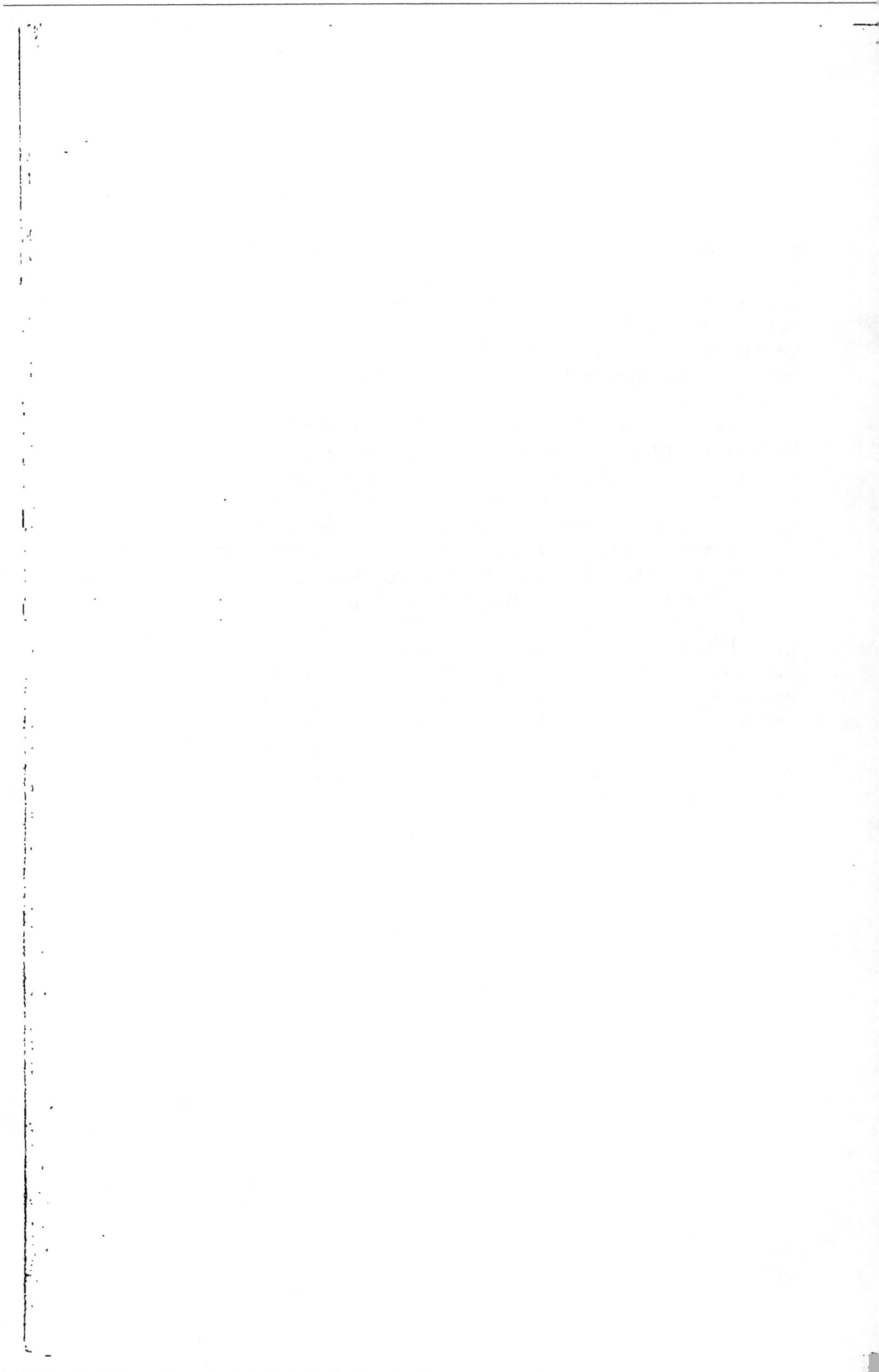

# CHAPITRE III

Arrivée de Rodil à l'armée du Nord. — Renforts qu'elle reçoit. — Découragement du pays insurgé. — Rodil. — Persécutions et ravages qu'il exerce. — Trois poursuites qu'il dirige contre D. Carlos et ensuite contre Zumalacárregui. — Résultat de ses tentatives. — Enthousiasme du pays pour la cause carliste. — Anecdote qui le démontre.

Lorsque le général Rodil prit le commandement de l'armée du Nord, il augmenta ses forces en y incorporant la plupart de celles qui avaient envahi le Portugal. Il disposa ainsi de plus de quatorze mille hommes de troupes excellentes, parfaitement payées, vêtues, et disciplinées. Sa supériorité manifeste inspirait une telle confiance au parti de la reine que le triomphe lui paraissait assuré et prochain, et que les provinces soulevées se remplirent d'une terreur telle que la présence de D. Carlos lui-même ne suffisait pas à la dissiper. Zumalacárregui pouvait opposer à peine sept mille combattants à son adversaire, et il est certain qu'il n'y avait aucune exagération quant à la situation respective des partis dans la proclamation de Rodil datée de son quartier général de Mendaria. Cependant, quelques mois après, quand il repassa l'Ebre en disgrâce, relevé du commandement des débris de cette belle armée, il eût été d'un amer sarcasme de lui remettre cette proclamation sous les yeux, et de lui faire voir toute l'ignorance manifestée par ses mouvements perpétuellement mal combinés.

Rodil avait acquis, à peu de frais, une réputation militaire gigantesque, en mettant fin à la guerre de Portugal, où il n'était resté d'ailleurs que peu de temps, jusqu'au départ de D. Carlos. Ses services

antérieurs dans l'Amérique du Sud avaient fait connaître, en même temps que son caractère énergique et résolu, son penchant marqué à verser le
sang.

Parmi d'autres traits, on raconte de lui le fait
suivant. Après avoir défendu le Callao avec une fermeté et une persévérance dont il y a peu d'exemples, la garnison ayant consommé tous ses vivres
et dévoré jusqu'aux souris, Rodil apprit que quelques soldats, anéantis par la fatigue et la faim,
songeaient à rendre la place à l'ennemi, pour mettre
un terme à leurs misères. Il assembla aussitôt la
garnison, et lui déclara qu'étant personnellement
décidé à se défendre jusqu'à la dernière extrémité,
il voulait cependant permettre à tous ceux qui dési-
raient ne pas s'associer à une aussi glorieuse résolution, de sortir de la place, et il les invita à avancer hors des rangs. A ces mots plus de cent hommes se présentèrent. Rodil leur fit enlever leurs
armes et leurs uniformes, et les ayant fait placer
sur un rang, en face de ceux qui étaient restés fidèles, il ordonna à ces derniers de faire aussitôt feu
sur les autres. Son ordre fut exécuté immédiatement et ponctuellement, et tous les réfractaires
restèrent sur la place, fusillés par leurs propres camarades. Quant à Rodil, il avait dès lors l'assuran-
ce de ne plus commander qu'à des hommes sûrs et
résolus.

Après avoir incendié le couvent de Beira à Ron-
cevaux, et un grand nombre d'autres, sous le prétexte que les moines protégeaient les carlistes (ils ne
s'étaient pourtant décidés à embrasser et à servir
leur cause qu'après avoir subi une série de vexa-
tions journalières et avoir vu tuer quelques-uns
des leurs), il leur prouva de cette façon qu'il ne
leur servirait de rien d'observer la neutralité
qu'ils s'étaient promis de garder d'abord. Rodil

parcourut le Bastan, fortifia l'hôpital d'Elizondo,
et, divisant ensuite son armée en deux grandes colonnes, il résolut de poursuivre vivement et Zumalacárregui et D. Carlos. On avait conseillé à ce
prince d'opérer séparément de son général, et, suivant cet avis, il continuait sa campagne avec un
petit corps qu'Eraso dirigeait avec zèle et activité.

Il réussit à se soustraire à la poursuite de Rodil,
tandis que Zumalacárregui, manœuvrant sur divers
points, donnait fort à faire à ce général, et, par
suite, dégageait son maître. L'armée de Rodil, composée de troupes fraîches et pleines d'enthousiasme, rencontra peu d'obstacles, et poussa sa poursuite avec la plus grande vigueur. Les inquiétudes
de D. Carlos et ses fatigues furent extrêmes. Mais
ce qui contribua surtout à le sauver en maintes
circonstances, ce fut le petit nombre même de ses
troupes, qui lui permettait de se dérober plus facilement. Bien souvent, au milieu de l'hiver, il se vit
obligé d'entreprendre des marches longues et pénibles, pendant la nuit, dans la neige, la pluie, et
par des sentiers praticables seulement pour des
piétons. Maintes fois, après qu'il eût échappé à
quelque péril imminent, on lui conseilla de passer
en France ; il s'y refusa constamment, et montra
toujours la volonté arrêtée de rester à la tête de
ses partisans.

Un jour que Rodil s'était emparé de tous les
abords d'une montagne dans laquelle le prince
évitait, à grand'peine, la poursuite excessivement
vive de plus de neuf mille hommes, un jeune officier d'artillerie, appelé Reina, chargé de fondre
des pièces dans ces mêmes quartiers, se vit obligé
de fuir précipitamment avec ses ouvriers et ses
artilleurs. La nuit était obscure et orageuse. D.
Carlos d'un côté, avec cent hommes, Reina de
l'autre, avec un nombre à peu près égal, erraient

en fugitifs, à l'aventure, et se voyaient souvent contraints de reculer quand ils apercevaient les feux des cristinós. Les deux troupes se rencontrèrent enfin, et, se prenant mutuellement pour des ennemis, furent sur le point de tirer. Elles se reconnurent néanmoins presque aussitôt, et un paysan habitué à la contrée conduisit le prince hors de danger.

Rodil voyant toutes ses tentatives pour s'emparer de D. Carlos déjouées par les manœuvres habiles de Zumalacárregui, voyant en outre son armée affaiblie tant par les marches forcées que par des escarmouches et des surprises continuelles, resta enfin convaincu que le meilleur moyen de terminer la guerre était d'arriver à l'anéantissement du général carliste lui-même. Il opéra dans ce but avec une vigueur et une persévérance telles que Zumalacárregui eut besoin de toute sa propre habileté et de tout le courage de ses fidèles Navarrais pour se dégager. Il arriva souvent alors que l'armée carliste dut faire jusqu'à vingt heures consécutives de marche, sans plus de repos qu'une demi-heure, suffisante à peine pour que le soldat pût déposer ses armes un moment et prendre un léger repas. Après des routes aussi fatigantes il nous arrivait fréquemment de revenir au point d'où nous étions partis la veille au matin. Un jour que D. Carlos était avec nous, la nuit étant déjà tombée, après une marche qui avait duré toute la journée, nous fîmes halte sur une montagne où ne se trouvait, pour toute habitation, qu'une misérable cabane de bergers. D. Carlos passa la nuit dans cette cabane; ses ministres s'arrangèrent dans une étable, et Zumalacárregui campa de la même façon que les troupes. L'incendie et la mort marquaient partout le passage de Rodil, et les actes de violence et de cruauté qu'il commit contre les habitants du pays ne contribuèrent pas pour peu de chose à grossir nos rangs. Par son ordre, toute maison dans laquelle D. Carlos s'était arrêté un instant était livrée aux flammes sans rémission ; et pourtant le propriétaire, malgré toute sa bonne volonté, eût été impuissant à empêcher quoi que ce fût. Il faisait passer les alcades par les armes pour n'avoir pas livré des rations que souvent les carlistes avaient enlevées de force, ou pour ne pas l'avoir averti à temps des mouvements des insurgés : mais s'ils l'avaient fait, ils eussent été fusillés comme espions par le parti contraire. Une pareille conduite irrita au suprême degré les esprits des habitants. Tous, femmes, enfants, vieillards, résolurent de prendre, chacun selon son pouvoir, une part active au soulèvement, en fournissant aux carlistes tous les renseignements possibles, et en leur abandonnant de bon gré tous ce qu'ils possédaient.

Un jour, passant par un village de la rivière de Navarre, je constatai la surprise d'un officier passé aux carlistes peu après avoir été incorporé dans un régiment de l'armée du Nord (1). Son admiration était sans bornes à la vue de l'enthousiasme des habitants : partout les cloches sonnaient à carillon, les filles des villages venaient à notre rencontre à de grandes distances en habits de fête, nous demander des nouvelles de leurs pères, de leurs frères, de leurs amoureux qui se trouvaient dans nos rangs. On nous jetait des fleurs, on pavoisait les maisons, on nous offrait à l'envi des rafraî-

(1) Il est possible que cet enthousiasme ait vraiment existé à l'époque dont parle l'auteur. Mais aujourd'hui, dans les mêmes provinces basques et dans la Navarre, les populations craignent beaucoup l'arrivée des rebelles, qui ne manquent jamais de commettre des actes de violence et de brigandage. — Note de l'abréviateur espagnol.

chissements, des vivres et toutes sortes de cadeaux. Comme l'officier en question avait servi quelque temps dans les troupes de la reine, il pouvait juger de la différence de l'accueil qu'il voyait avec celui qu'il avait constaté auparavant de la part des mêmes populations (1).

Pour faire voir jusqu'à quel point l'esprit public nous était favorable, je raconterai le fait suivant. Les cristinós ayant appris qu'un vieillard du village de Sumbilla avait caché un carliste blessé, Rodil donna l'ordre de s'emparer de lui et de le passer par les armes. Déjà le vieillard s'était confessé, on lui avait bandé les yeux, on l'avait fait mettre à genoux, déjà il sentait sur sa poitrine la pointe des baïonnettes, lorsqu'on lui promit de lui faire grâce de la vie s'il déclarait où était le rebelle. Il continua à protester qu'il n'en savait rien. L'officier chargé de l'exécution, étonné de tant de fermeté, le fit alors mettre en liberté, pensant que, si vraiment il ignorait la retraite du soldat carliste, il lui était difficile de l'indiquer. Or, le lendemain même du départ de la colonne, le volontaire était tranquillement assis, au soleil, à la porte du vieillard.

(1) Accueil moins mauvais encore que celui que l'on fait aux rebelles dans les autres parties de l'Espagne. — NOTE DE L'ABRÉVIATEUR ESPAGNOL.

# CHAPITRE IV

Zumalacárregui surprend le général Carondelet dans les rochers de San Fausto. — Déroute des troupes de Carondelet. — Le comte de Viamanuel est fait prisonnier. — Viamanuel. — Sa mort. — Efforts de Zumalacárregui pour se procurer de l'artillerie. — Il tente de surprendre Echarri-Aranaz. — Mauvais succès de sa tentative. — Châtiment qu'il inflige à ses troupes.

Pendant que Rodil faisait la guerre aux paysans et aux moines, Zumalacárregui, qui ne dormait pas, porta au général de la reine un coup auquel celui-ci ne s'attendait point, en surprenant et en mettant en déroute complète le baron de Carondelet. Ce général était fort éloigné, non-seulement de craindre une surprise, mais encore de songer à une rencontre avec les carlistes, qu'il croyait écrasés par Rodil au point de ne penser qu'à se disperser pour éviter une destruction complète. Aussi n'eut-il aucune hésitation à parcourir, avec six cents hommes environ, des contrées sans cesse sillonnées par les troupes de la reine. Il était accompagné d'un grand nombre d'officiers de distinction qui rejoignaient l'armée du Nord, et notamment de l'infortuné comte de Viamanuel, grand d'Espagne de première classe, arrivant avec le grade de colonel.

Zumalacárregui, averti de ce mouvement, vint, par une marche longue et audacieuse, s'embusquer parmi les rochers de San Fausto, à peu de distance d'Abarzuza, en un point où devait nécessairement passer Carondelet pour pénétrer par le Val

d'Ollo (1) dans les plaines de Pampelune. Les rochers
de San Fausto se trouvent dans un terrain tout couvert de rocs, de broussailles et de fourrés, à travers lesquels est pratiquée la route ; des blocs énormes de granit y offrent des abris excellents pour
une embuscade. Zumalacárregui sut tirer parti
d'une position aussi avantageuse, et il réussit à
cacher avec tant d'habileté son mouvement et son
monde, que les cavaliers ennemis d'avant-garde
l'avaient déjà dépassé sans avoir rien soupçonné
ni aperçu, lorsqu'un paysan, qui paraissait se diriger vers les hauteurs, les devança pour aller épier
les mouvements de la colonne qui suivait. Ils l'appe-
lèrent pour leur servir de guide, mais ce fut en
vain : il disparut parmi les rochers. En même temps
une décharge, aussi terrible qu'inattendue, fut le
signal annonçant à la colonne dans quelle embuscade elle était tombée. Zumalacárregui, avec la rapidité de la foudre, lança simultanément, à la baïonnette les quatre bataillons qu'il avait dissimulés Les
cristinós étaient surpris et entourés : ce ne fut
point un combat, ce fut un vrai massacre. La
plupart des officiers qui accompagnaient Carondelet furent tués ou pris ; le général lui-même, au
milieu d'une fusillade presque à bout portant, ne
dut son salut qu'à la vitesse de son cheval. Un très-
petit nombre des siens réussit à s'enfuir isolé-
ment, profitant de la confusion du combat, et, à
l'exception de ceux-ci, la destruction de la colonne
fut complète. Le comte de Viamanuel, qui avait
perdu son cheval lors de la première décharge,
tâcha de suivre le général, montant successivement deux autres chevaux qui furent tués aussi. et
finalement il fut fait prisonnier avec seize autres

(1) En basque, *Ollo* veut dire *avoine*.

officiers. On compta parmi les morts le brigadier Herranz, colonel du régiment provincial de Vallado'id, et le colonel de cavalerie Casamayor. Des sommes considérables en numéraire, une grande quantité de documents importants, et enfin un énorme convoi de bêtes de somme chargées d'effets militaires restèrent entre les mains des vainqueurs.

De tous les prisonniers, le comte de Viamanuel fut celui qui se comporta avec le plus de fermeté et de franchise. Amené devant le général carliste, il ne craignit pas de lui déclarer qu'il avait et qu'il aurait toujours des opinions libérales, et que, considérant comme un devoir non-seulement de les professer, mais encore de les défendre, il était venu volontairement à l'armée dans ce seul but. Il termina en disant qu'il savait fort bien que les défenseurs de la reine n'avaient rien à espérer des carlistes; que si cependant on lui accordait sa grâce, il donnait sa parole d'honneur de ne plus porter les armes contre les partisans de D. Carlos, et de considérer sa vie politique comme terminée.

La franchise de Viamanuel plut tellement à Zumalacárregui qui, tout en le faisant toujours garder à vue, il le fit manger avec lui et le fit traiter avec toute la distinction possible. Le chef carliste fit plus encore : il écrivit à Rodil pour lui offrir d'échanger Viamanuel contre un officier et quelques soldats faits prisonniers peu de jours auparavant. Tout autre commandant que le sanguinaire Rodil eût accepté sans hésitation une proposition pareille; mais il n'en fut pas ainsi. Viamanuel et le général étaient à table, lorsque ce dernier reçut la réponse de Rodil Elle était conçue dans les termes suivants : « Les prisonniers rebelles ont été passés par les armes ». Cette réponse était l'arrêt de mort du comte. Zumalacárregui la lui transmit. Viamanuel pâlit, et le général, avec politesse, mais avec fermeté, lui fit connaître son profond chagrin d'être obligé d'accomplir un aussi pénible devoir Il ajouta qu'à partir de ce moment un confesseur l'accompagnerait jusqu'au lever du soleil. Une déclaration aussi inattendue fut un coup de foudre pour le malheureux comte, et, à sa prière, Zumalácarregui consentit à retarder l'exécution, et à envoyer un message à D. Carlos pour implorer sa clémence. Le messager revint au bout de très-peu de temps, avec la réponse suivante : « Quand des officiers » d'un rang inférieur et des soldats pris les armes » à la main subissent la peine de mort, il n'y a pas » de motif pour faire grâce à un grand d'Espagne ». En conséquence de cet ordre impérieux, Viamanuel fut fusillé à Lecumberri.

Zumalacárregui, depuis ses succès sur Quesada, et surtout depuis que Rodil eut adopté le système de fortifier un grand nombre de localités, commençait à éprouver fortement les inconvénients du défaut d'artillerie. Aussi résolut-il de s'en procurer à tout prix. Un certain Jimenez, espion habile et consommé, s'introdusit parmi les cristinós par son ordre, pour tâcher d'entamer quelque négociation avec l'un de ceux qui commandaient des points munis d'artillerie.

Echarri-Aranaz (1) se trouve dans l'intérieur de la Borunda, en une contrée où il n'y avait aucun village qui n'eût de la garnison. Jimenez avait réussi à persuader à deux frères, nommés Manzano, tous deux lieutenants au régiment provincial de Valladolid, de livrer la place, servant en cela leurs opinions politiques, absolument opposées à celles pour lesquelles ils combattaient alors. Ils devaient, quand leur tour de garde serait arrivé, aidés d'un petit

(1) En basque : *groupe de maisons : Aranaz.*

nombre de soldats sur lesquels ils pouvaient compter, ouvrir les portes à un signal convenu et donner passage aux carlistes. Dans la place, dont la garnison était de 600 hommes, se trouvaient 4,000 fusils, six pièces d'artillerie et une grande quantité de munitions. Tout cela était alors d'un prix inestimable pour les carlistes. Le général, pour mettre son projet à exécution, attendit une nuit obscure pendant laquelle les deux officiers en question fussent de garde. Enfin, en vue de l'événement, divers bataillons s'avancèrent au milieu du plus grand silence à travers les bois qui s'étendent entre Arbizu et Echarri-Aranaz, et, arrivés à ce dernier point, ils se formèrent avec tout le secret possible. Deux compagnies de guides et deux autres du troisième bataillon de Navarre furent désignées pour pénétrer dans la place la baïonnette baissée, lorsque les portes s'ouvriraient On fit le signal convenu, qui était le miaulement d'un chat. Un grand silence le suivit, mais, le signal ayant été répété, il lui fut répondu de l'intérieur du fort.

On n'a pu savoir sur quel fondement il fut dit alors parmi les carlistes qu'il s'agissait d'une trahison ourdie contre eux par les cristinós (1); mais cette crainte s'empara de leurs esprits quand les deux compagnies reçurent l'ordre d'avancer. Personne ne remarqua qu'il y avait là un fossé, et une vingtaine de nos soldats y tombèrent. La porte s'ouvrit alors, et les deux lieutenants sortirent suivis de nombreux soldats avec des lanternes ; mais l'un de ceux-ci, qui n'était pas dans le secret, entendant le gémissement d'un volontaire tombé dans le fossé, s'écria : « Trahison ! » et donna ainsi l'alarme. Les nôtres, remplis déjà de pressentiments sinistres, furent, à

(1) Qui peut douter que ce fût une erreur de leur part ? — NOTE DE L'ABRÉVIATEUR ESPAGNOL.

ce cri, saisis d'une terreur panique ; ils firent au hasard contre la porte une décharge qui fit tomber mort précisément l'un des deux Manzano (léger châtiment pour un traître) et se livrèrent à la fuite en désordre. Le soldat qui était en sentinelle à la porte, voyant ce combat inattendu, pensa que les carlistes avaient voulu se venger de la trahison qu'ils redoutaient, ou que quelqu'un des hommes de la garnison, qui ne faisait pas partie du complot, s'était avancé vers la porte et était venu la fermer.

Les carlistes ne purent retirer aucun avantage d'une entreprise qu'ils avaient tentée avec tant de faiblesse et de lâcheté. L'occasion était désormais perdue pour eux.

La garnison, appelée sous les armes dès les premiers coups de feu, se mit à tirer dans toutes les directions. Cependant le second Manzano et quelques soldats réussirent à s'échapper. La fureur de Zumalacárregui, quand il connut la conduite indigne des deux compagnies de guides, n'eut pas de bornes. Au premier moment il voulut faire fusiller tous les officiers et tous les sous-officiers de ces compagnies ; mais, après une enquête immédiate et minutieuse, il reconnut qu'ils avaient été les derniers à s'enfuir, et cette circonstance milita en leur faveur. En somme, le général voulut que cet acte de lâcheté fût porté à la connaissance de l'armée par la voie de l'ordre du jour, et que, à titre d'exemple, on tirât au sort dans chacune des compagnies le nom d'un homme de troupe à faire fusiller. L'exécution eut lieu sans délai. Quant aux deux malheureux capitaines, ils adressèrent peu après une humble supplique à Zumalacárregui afin de pouvoir rentrer dans les rangs comme simples soldats. Après avoir lu leur pétition, Zumalacárregui prit la plume et écrivit en marge : « Les lâches ne sont pas admis dans notre armée ».

# CHAPITRE V

Zumalacárregui surprend de nouveau Carondelet à Viana. — La cavalerie insurgée. — Déroute des troupes de la reine. — Présentation de l'auteur à Zumalacárregui. — Châtiment infligé par celui-ci à son quartier-maître général.

Nous avons dit déjà comment Zumalacárregui réussit à échapper à la vive poursuite de Rodil. Ce dernier, voulant donner à ses troupes quelque répit, après des fatigues qui avaient été aussi excessives qu'infructueuses, se dirigea sur Santa-Cruz de Campezu, pendant que son adversaire courait jusqu'à la limite extrême de la Navarre, sur la frontière d'Alava. Sachant que Carondelet occupait Viana avec huit cents hommes d'infanterie et deux escadrons de chasseurs·de la garde royale, il avait résolu de le surprendre de nouveau. On supposait alors généralement que Zumalacárregui et ses troupes étaient serrés de très-près par Rodil, et nul ne pouvait s'attendre à une surprise ; d'autant moins que, pour arriver à Viana, les carlistes avaient à traverser de grandes plaines où leur destruction serait inévitable, soit qu'ils rencontrassent une seule des divisions de Rodil, soit qu'une de ces divisions les atteignît par leur arrière-garde. Cependant Zumalacárregui, bien que connaissant la supériorité de l'ennemi, jugea que la rapidité de son mouvement lui permettrait d'accomplir son dessein avant que Rodil le pénétrât et pût se porter sur ses traces. Il fit, en peu d'heures, plus de dix lieues, après être parti de Santa-Cruz de Campezu le 4e jour de septembre.

La ville de Viana est située sur une petite éminence, au milieu d'une vaste plaine. L'entrée de

ses rues étroites était défendue par quelques tranchées et quelques barricades, de sorte que, si
Carondelet avait su prendre à propos ses dispositions, il lui eût été facile de résister à l'attaque de
plus de 4,000 hommes. Mais il était si tranquille,
avec toute sorte d'apparence de raison, il faut bien
le dire, qu'il n'avait pas absolument la moindre
idée qu'il pût être attaqué. A telles enseignes qu'il
ne s'alarma même pas lorsqu'il vit à peu de distance
briller les fusils de la colonne de Zumalacárregui,
et ne sortit d'erreur que quand l'évidence se fut
complétement manifestée. La garnison prit aussitôt les armes, et se forma sur un petit plateau à la
sortie du bourg. L'ordre dans lequel avançaient les
carlistes, leur enthousiasme, leur supériorité numérique faisaient prévoir assez quelle serait l'issue
du combat. L'infanterie ennemie prit la fuite sans
attendre le choc, et les escadrons de chasseurs à
cheval de la garde, quoique essayant de nous charger pour protéger leur infanterie, furent si bien
dispersés par les décharges vigoureuses et répétées
de notre infanterie, puis reçus d'une façon si énergique par la cavalerie navarraise, qu'ils se virent
repoussés avec des pertes assez considérables. C'est
dans cette rencontre que se firent connaître pour
la première fois les lanciers navarrais, troupe jus-
que-là absolument imparfaite, dont le défaut d'uniformité et la désorganisation bien apparente frap-
paient d'abord la vue. Beaucoup d'entre eux s'en
allaient sans veste et avec un mouchoir noué autour
de la tête ; d'autres étaient chaussés d'une botte à un
pied, d'une alpargate à l'autre ; enfin, la longueur
démesurée et le poids de leurs lances leur donnaient
un aspect singulier et ridicule. La plupart d'entr'eux n'avaient jamais porté les armes, et jusqu'au moment où le colonel D. Carlos O'Donnell
vint prendre leur commandement, leur indiscipline

et leur ignorance de toute espèce de manœuvres les faisaient ressembler absolument à une horde de bédouins. Mais, après avoir été façonné et organisé par ce chef distingué, le régiment des lanciers de Navarre arriva à être aussi bien équipé, aussi bien armé et aussi habile aux manœuvres que le meilleur régiment de cavalerie de la reine, et, grâce toujours à O'Donnell, cette amélioration s'étendit promptement à tous les autres escadrons.

Les vaincus rentrèrent à Viana dans le plus grand désordre, poursuivis à travers les rues par les carlistes. Zumalacárregui, voyant sur la place un commandant qui se retirait de quelques pas en arrière, parce que l'ennemi dirigeait son feu vers lui depuis l'église, le révoqua immédiatement de son grade et se mit à la tête de ses hommes à sa place. La présence du général produisit son effet ordinaire et, en très-peu de temps, la plupart des maisons ayant été emportées, le combat dégénéra en carnage. Un petit nombre de cavaliers ennemis, qui avaient tenté de se réunir, tombèrent dans les tranchées des rues, et y furent tués les uns après les autres par notre infanterie. On mit le feu à beaucoup de maisons occupées par les soldats ennemis qui refusaient de se rendre. Tous les fugitifs entrèrent dans un couvent isolé situé hors du bourg, et, après s'y être fortifiés à l'aide de parapets et de barricades, ils se préparèrent à la défense. Déjà Zumalacárregui songeait à mettre le feu au couvent, lorsqu'il apprit qu'un secours de quelques milliers d'hommes arrivait précipitamment de Logroño pour dégager les assiégés. Il résolut alors d'abandonner cette tentative et se disposa à se retirer après avoir laissé plus de 400 cristinós morts dans les rues et sur les places, et emmenant avec lui plus de cent prisonniers avec un nombre plus considérable encore de chevaux. Le butin eût été bien

4

plus grand si l'on avait eu le temps de le réunir.
La division qui venait au secours de Carondelet
nous vit opérer notre retraite en si bon ordre
qu'elle n'osa pas s'aventurer à notre poursuite, et
nous pûmes, sans être inquiétés, regagner les hauteurs.

Ce fut ce jour-là que je vis pour la première fois
Zumalacárregui, dans un village de la Berrueza.
Il faisait déjà nuit quand je mis pied à terre à la
porte de la maison où il logeait. Le sergent de
garde voulut me désarmer, et moi, je lui résistai,
ignorant sen dessein. Il en était résulté une légère
altercation lorsqu'un homme donna, d'une fenêtre, sur un ton impérieux, l'ordre de me laisser
entrer. Je montai, et l'on m'introduisit dans une
pièce où j'aperçus l'homme même qui avait paru à
la fenêtre. Dans un cabinet voisin, qui était éclairé,
deux officiers écrivaient. L'obscurité m'avait empê-
ché de distinguer les traits de la personne auprès
de qui je me trouvais ; toutefois, et sans le laisser
voir, je supposai bien que c'était Zumalacárregui
lui-même. Il me demanda d'un ton brusque et
sévère ce que je voulais, et je lui répondis que je
désirais avoir l'honneur de me présenter au général des carlistes. Il me demanda l'objet de ma
visite ; je lui dis que j'avais l'intention de me rendre au quartier général du roi, mais que, bien armé
et bien monté comme j'étais, je voulais, avec la
permission du général, suivre l'armée comme volontaire jusqu'au moment où je pourrais rejoindre la
Cour errante. Je lui parlai longuement, et ne crai-
gnis pas de lui adresser, avec toute la liberté possible, quelques plaintes contre certains fonction-
naires de son armée. Il me parut que cette conversation ne lui déplaisait point. Je remarquai cependant qu'il montrait une certaine impatience lorsque
quelques paroles paraissaient s'égarer loin de leur

but. J'affectai de m'abstenir de demander si je pourrais voir Zumalacárregui, et ce fut lui-même qui me dit : « C'est moi qui suis Zumalacárregui ». Il me quitta avec beaucoup plus de politesse qu'il n'en avait montré à mon premier abord. Je sus plus tard que j'avais produit sur lui une impression favorable. Ma façon de lui parler, et l'offre que je lui avais faite de suivre ses troupes, avaient été le meilleur moyen de me concilier son bon vouloir.

Le singulier châtiment qu'il infligea à son quartier-maître, dans la circonstance que je vais relater, donnera une idée exacte de la façon prompte et même semi-barbare dont il avait l'habitude d'administrer la justice. Nous étions cantonnés dans le bourg de Dicastillo avec deux bataillons, lorsqu'un autre bataillon qui avait fait, ce jour-là, une marche forcée, arriva tambour battant. Zumalacárregui qui, à ce moment, était occupé avec son scrétaire, ne manqua pas de remarquer l'arrivée de ce bataillon, d'autant plus qu'il pleuvait. La troupe, qui se mouillait, attendait avec impatience qu'on lui distribuât ses billets de logement ; mais, comme le retard se prolongeait, elle finit par s'impatienter, et un grand nombre de soldats se mirent à l'abri dans différentes maisons, non sans faire quelque bruit. Entendant cela, le général se mit au balcon, et voyant que le bataillon n'était pas encore logé, il appela les officiers d'une voix de tonnerre et leur demanda quelle était la cause de ce retard. Le colonel commandant répondit qu'il avait dû attendre quelque temps les billets de logement, parce que le quartier maître se trouvait à table au moment de l'arrivée. « Ah ! il est à table ! fit Zuma-« lacárregui ; qu'il vienne aussitôt me trouver ». Il fit battre aussitôt à l'ordre, et au bout de peu d'instants apparut le quartier-maître, livide, et tout tremblant Quand il vit que le bataillon était formé

et qu'on lui donnait à lui-même l'ordre d'avancer,
il crut que sa dernière heure était arrivée et se
mit à réciter des prières, pensant à chaque instant
voir apparaître un confesseur. Au milieu de la place
du bourg se trouvait une très-belle fontaine. Zumalacárregui donna ses ordres du balcon. Il commanda d'abord qu'on dégradât le quartier-maître,
puis, qu'après l'avoir fait mettre à genoux, on l'ar-
rosât avec deux seaux d'eau, ordre que la troupe
exécuta avec une satisfaction marquée. Le général,
après avoir présidé à la cérémonie, se retira avec
la même gravité que s'il eût assisté à un baptême
de chrétiens nouveaux convertis.

# CHAPITRE VI

Zumalacárregui franchit l'Ebre. — Il met en déroute, entre Cenicero et Fuenmayor, les troupes qui escortaient un convoi considérable dont il s'empara. — Dispositions qui précèdent le combat d'Alegria. — Combat d'Alegria et déroute d'O'Dagle. — Nouveau combat avec le général Osma, qui est contraint de se replier sur Vitoria. — Avantages de Zumalacárregui. — Sa cruauté.

On peut dire que Zumalacárregui, grâce à une tactique semblable à celle dont usa Fabius dans l'antiquité, battit Rodil et couvrit de ridicule ce chef de guerre qui, peu de mois auparavant, était la terreur des provinces insurgées. Il avait été heureux dans toutes les rencontres avec ses troupes et, grâce à des marches rapides et inattendues, anxquelles ne pouvaient mettre obstacle même les poursuites simultanées de plusieurs colonnes à la fois, il avait à maintes reprises attaqué et dispersé celle d'entre elles qui s'attendait le moins à en venir aux mains. Il avait réussi aussi peu à peu à équiper presque complétement ses troupes dont le chiffre était augmenté en même temps, et il s'était servi à cet effet des dépouilles de l'armée de la reine. Quant à cette armée, anéantie par les fatigues, les maladies, et par mille escarmouches désavantageuses, elle n'était plus que l'ombre d'elle-même. Il était donc indispensable que le gouvernement déposât Rod l de son commandement.

Il le conservait cependant encore quand Zumalacárregui passa l'Ebre au gué de Tronconegro, et quand, après une victoire signalée à Cenicero et à Fuenmayor, qui lui valut plus de cent prisonniers

de guerre, il s'empara d'une quantité considérable
de matériel de toute sorte et de deux mille fusils.
Puis, sachant que le général Osma, projetant de
continuer les opérations, était déjà sorti de Vitoria,
Zumalacárregui repassa l'Ebre, malgré les mouvements combinés de Cordoba, de Lorenzo et de
Lopez. Ceux-ci, après s'être antérieurement opposés
en vain à sa sortie momentanée des provinces,
cherchaient alors à l'empêcher d'y revenir. Pendant
sa retraite Zumalacárregui passa la nuit à Zúñiga.
Osma, avec une forte colonne, se trouvait à Alegria, à une lieue et demie de Vitoria, ville que l'on
aperçoit depuis là, à l'extrémité d'une plaine
immense et au milieu d'un certain nombre de
villages. Cette plaine s'étend dans la direction du
N.-E. jusqu'à Salvatierra, qui est à cinq lieues de
Vitoria, sur la route de Pampelune.

Zumalacárregui, jugeant que l'ennemi n'avait pas
encore connaissance de son arrivée à Zúñiga, ordonna aux siens de se mettre en marche avant le
jour, et, par un mouvement aussi bien imaginé que
rapidement exécuté, laissant bien à notre gauche le
fort de Maestu, nous vîmes tomber dans la plaine de
Salvatierra avec trois escadrons et cinq bataillons.
Iturralde, avec six bataillons, avait l'ordre d'avancer par notre gauche et de prendre position entre
Vitoria et les forces d'Osma. Cette manœuvre fut
exécutée. Zumalacárregui supposa que, tandis qu'il
tiraillerait avec la garnison de Salvatierra, trop
faible pour sortir de ses murailles, sauf pour combattre un petit détachement, les troupes qui occupaient Alegria arriveraient, et que l'ennemi considérerait ce mouvement comme d'autant moins
aventuré qu'il le croyait lui-même sur la rive droite
de l'Ebre avec le gros des forces carlistes.

Le gouverneur de Salvatierra venait de sortir de
la ville pour conduire des prisonniers à Vitoria,

lorsque l'arrivée de Zumalacárregui, qui déjà descendait dans la plaine, obligea la colonne expéditionnaire à rentrer précipitamment dans la place. Le jour étant complétement levé, et Zumalacárregui, craignant que l'ennemi n'eût pas entendu le feu de ses tirailleurs et ne fût pas mis en éveil par lui, ordonna de faire en l'air deux ou trois décharges de salve La ruse réussit pleinement. Le général Osma, s'imaginant que quelques partisans inquiétaient la marche du gouverneur de Salvatierra, détacha le brigadier O'Dagle avec trois mille hommes, deux pièces de montagne et une centaine de chevaux, avec ordre de le dégager et de poursuivre les carlistes s'il y avait lieu. Zumalacárregui, de son côté, avait déjà formé ses bataillons sous la protection de sa cavalerie, au milieu de la plaine, à trois quarts de lieue de Salvatierra, vers Alegria, et s'avançait sur l'ennemi, lentement, mais résolument.

O'Dagle, lorsqu'il nous aperçut traversant la plaine avec des forces un peu supérieures aux siennes, fut si surpris et si troublé qu'il soupçonna aussitôt quelque embûche. Cependant, il ne perdit pas courage et résolut d'attendre, en position, l'attaque des carlistes. Ceux-ci ne paraissant nullement disposés à se retirer, et prenant même visiblement l'offensive, personne assurément ne peut blâmer O'Dagle de s'être préparé à la défense dans une position choisie.

L'ennemi se posta sur une petite éminence, près du hameau appelé Arieta, voisin de la route de Salvatierra à Vitoria, son flanc gauche protégé par un petit bois. A mesure que les royalistes avançaient, il faisait jouer sur eux son artillerie. Dès que Zumalacárregui eut acquis la certitude qu'Iturralde ne trouverait aucun empêchement à tomber sur les derrières de l'ennemi, il parcourut les files, animant au combat les hommes qui déjà brûlaient du désir d'en venir aux mains. Le feu des tirailleurs était à peine commencé lorsque tous les bataillons avancèrent formés en masse, le bataillon des guides demandant à grands cris qu'on le laissât aller à la baïonnette. Cette même contrée qui, en 1813, avait vu humilier les troupes françaises, était destinée aussi à servir ce jour-là de théâtre à la déroute d'une belle division de troupes régulières espagnoles, vaincues par une horde de montagnards enthousiastes.

Les nouvelles que nous avions reçues à Zúñiga touchant les derniers ravages commis par Rodil, l'incendie de diverses fermes et de divers villages, avaient exaspéré l'esprit du soldat et excité sa fureur jusqu'aux dernières limites. L'ennemi répondit vigoureusement aux cris des carlistes. Cependant ceux-ci continuaient d'avancer, pleins d'ardeur, sans être arrêtés par les décharges répétées des troupes de la reine. Tant d'enthousiasme, une attitude aussi martiale, une attaque aussi impétueuse et aussi régulière en même temps, les cris sauvages et l'aspect des bannières blanches parsemées de têtes de morts, finirent par inspirer la terreur aux troupes d'O'Dagle, dont le feu alla graduellement en diminuant. Les bataillons de guides abordèrent avec la plus grande fougue un bataillon du 6 régiment d'infanterie de ligne et le dispersèrent. Les autres bataillons de la reine furent de même successivement vaincus et défaits à mesure qu'ils avaient à subir l'attaque vigoureuse des autres bataillons carlistes.

Lorsqu'apparut Iturralde, tout près des derrières de l'ennemi, l'escorte du général et le premier escadron navarrais chargèrent les cristinós déjà en désordre, et attaqués en avant et en arrière. On en fit un terrible carnage et on leur prit deux canons :

les artilleurs avaient été massacrés sur leurs pièces. Le brigadier O'Dagle, cherchant à reformer les
siens, eut son cheval tué et fut fait prisonnier avec
son frère.

La lutte continua jusqu'à la nuit sans que les
carlistes exaspérés voulussent faire quartier ; l'obscurité seule put sauver quelques-uns des cristinós.
Cinq cents hommes des leurs aussi se réfugièrent
à Arieta et se retranchèrent dans les maisons.
L'ennemi eut, dans cette affaire, environ mille
morts. Quelques malheureux soldats, cachés dans
les broussailles, furent massacrés sans pitié à coups
de baïonnettes. J'ai calculé que le nombre des
morts des troupes de la reine arrivait à mille, puisque le lendemain du combat les paroisses annoncèrent qu'elles avaient enterré en tout 1,740 hommes. Or, nous n'avions certainement pas perdu les
740 hommes qui dépassaient le millier. L'obscurité
permit à un grand nombre de blessés et d'isolés,
qui avaient réussi à bien se cacher, d'arriver jusqu'à Vitoria, un par un, deux par deux. La déroute
des cristinós fut complète, si l'on excepte les cinq
cents hommes qui se retirèrent en bon ordre à
Arieta. La poursuite se prolongea tellement que
presque tous les carlistes passèrent la nuit au
milieu des morts

Le troisième bataillon de Navarre fut détaché
pour sommer les ennemis de se rendre. Cependant,
quoiqu'ils eussent subi le feu durant toute la nuit,
ils refusèrent de capituler, et, après deux jours d'un
investissement des plus étroits, pendant lequel la
plupart moururent par suite du manque absolu de
vivres, les autres, complétement réduits, demandèrent quartier. On fit prisonniers 126 hommes de
troupe. Les officiers furent mis à mort. Du nombre
étaient deux aumôniers.

Le lendemain O'Dagle, son frère, un capitaine et

treize autres officiers furent passés par les armes sur le champ de bataille même.

C'était jour de fête, et les troupes assistaient à la messe, lorsque Zumalacárregui reçut l'avis que toutes les forces disponibles de l'ennemi sortaient de Vitoria. On était le 28 au matin. Osma ayant appris la déroute de la division d'O'Dagle, et croyant que le nombre d'hommes réfugiés à Arieta était plus considérable, faisait, avec quatre mille hommes, une tentative désespérée pour les secourir, emmenant avec lui jusqu'aux gardes nationaux de Vitoria. Il était accompagné en outre de quatre pièces de canon. La veille il avait perdu le meilleur de son monde, et ce qu'il en conduisait à présent, abattu par la défaite récente, était d'autant plus découragé qu'il allait affronter un ennemi fort et exalté par son triomphe. Zumalacárregui fit aussitôt former ses troupes, et, leur annonçant qu'Osma s'avançait, il leur demanda si elles étaient disposées à abandonner un champ de bataille tout trempé encore du sang de leurs adversaires et tout couvert de leurs propres trophées. Un cri unanime traversa les rangs : « A eux ! à eux ! » Tous demandaient le combat. A peine Osma avait-il eu le temps de prendre ses dispositions pour la lutte et de mettre ses troupes en bataille, que sa gauche et sa droite furent attaquées simultanément avec une incroyable furie ; jamais nos volontaires n'ont été à la charge avec autant de résolution que ce jour-là. La garde nationale de Vitoria se débanda aussitôt et porta le désordre dans les rangs ennemis. Zumalacárregui renouvela son attaque et obligea ses adversaires à la retraite, durant laquelle on put leur faire quelques centaines de prisonniers. Une compagnie entière, se voyant coupée, se rendit. L'ennemi dut alors le salut de son infanterie à sa cavalerie. Celle-ci, placée à l'arrière-garde, con-

serva toujours son ordre de bataille, et, malgré le
feu le plus vif, elle se retira dans un ordre admirable, contenant ceux qui la poursuivaient par des
menaces de charge continuelles. Je dois dire aussi,
à l'honneur de l'artillerie ennemie, qu'elle se retira
en nous menaçant perpétuellement de ses feux.

L'ennemi perdit, dans cette affaire, plus de trois
cents morts et environ quatre cents prisonniers.
Zumalacárregui particulièrement, et, à son exemple, tous nos officiers donnèrent des preuves bril-
lantes de valeur personnelle.

Dans la nuit du 28, tandis qu'après la victoire
nous nous retirions formés en deux divisions, arriva
un fait si affreux, que pour le rapporter il faudrait
tremper sa plume dans le sang. Zumalacárregui, pendant le combat et pendant toute la journée, avait
ordonné de faire quartier et, comme toujours, ses
ordres avaient été exécutés. Les cinq cents prisonniers que nous avions faits marchaient à notre arrière-
garde. Tout à coup ceux des nôtres qui s'étaient le
plus avancés à la poursuite de l'ennemi revinrent,
ayant derrière eux environ cent quatre-vingts autres
prisonniers, bien escortés, qu'ils avaient enlevés tout
près de Vitoria. Le capitaine de la compagnie, qui
n'avait pu réunir qu'une trentaine d'hommes, se vit
fort embarrassé de faire sa conduite par le chemin
étroit et bordé de broussailles qu'il avait à suivre.
Deux des prisonniers lui avaient échappé déjà, et il
envoya prendre les ordres de Zumalacárregui, lui
faisant connaître qu'avec aussi peu de monde il ne
pouvait garder autant de prisonniers. — « Qu'il les
fasse attacher », répondit le général. Le capitaine
lui fit dire alors qu'on ne trouvait de cordes nulle
part, les habitants s'étant sauvés des villages.— « Eh
bien, qu'on les fusille ! » répliqua Zumalacárregui.
Un soldat d'ordonnance rapporta cette réponse, et
aussitôt le capitaine donna les ordres nécessaires

à ses hommes, qui mirent à mort ces malheureux
prisonniers. Ils furent tous massacrés d'une façon
barbare. Les détails de cette scène horrible, difficile à décrire, déchirent le cœur, et la plume tombe
des mains en voulant les retracer « Quartier ! miséri-
corde ! » s'écriaient les victimes, en embrassant les
genoux de leurs bourreaux, en se cramponnant aux
jambes des chevaux, au moment où elles tombaient
immolées à coups de lances ou de balles. Je raconte
cette scène, honte éternelle du parti carliste, avec
l'impartialité que je me suis proposé de conserver,
car je ne saurais essayer jamais de justifier de
pareils actes de barbarie.

# CHAPITRE VII

Rencontre avec le brigadier Lopez à Sesma. — Attaque et incendie de l'église fortifiée de Villafranca. — Courage héroïque des assiégés. — Ils sont obligés de déposer les armes et fusillés. — Victoire obtenue par le général Córdoba sur Zumalacárregui à Mendaza. — Ses résultats.

Après la bataille d'Alegria (car on peut bien donner ce nom à un aussi sanglant combat), laquelle dura deux jours, nous restâmes quelque temps sans apercevoir l'ennemi. Enfin, au moment de nous mettre en marche de Villamayor à Sesma, nous apprîmes que le brigadier D. Narcisse Lopez s'avançait avec trois bataillons et sept cents chevaux. Zumalacárregui résolut d'attaquer ces forces aussitôt qu'elles auraient prononcé leur mouvement de retraite ; mais Lopez, informé à temps de notre approche, se replia rapidement sur Sesma. Cette localité, située sur le penchant et en partie au sommet d'une éminence, au milieu d'une grande plaine, est d'une défense très-facile, surtout avec de l'artillerie, grâce aux énormes fondrières et aux fossés qui l'entourent. Cependant cette considération ne nous empêcha pas de faire pour la première fois usage des deux pièces prises à O'Dagle, en lançant des grenades à l'ennemi, à qui nous tuâmes une vingtaine d'hommes. Dans cette affaire, les pertes furent insignifiantes de part et d'autre Les cristinós durent les leurs au mauvais emplacement choisi pour leur cavalerie, qui resta plus d'un quart d'heure à l'entrée d'une ruelle où elle recevait le feu de nos tirailleurs, sans que l'ennemi y répondît de ce côté (1).

Peu de jours après Zumalacárregui voulut détruire l'église fortifiée de Villafranca, occupée par des gardes nationaux, bien éloignés de la pensée qu'ils pourraient être attaqués en cet endroit, puisque leur position était défendue par un cours d'eau très-abondant pendant la majeure partie de l'année. Dans cette expédition nous fûmes guidés par le même espion Jimenez, dont il a déjà été parlé.

Le général ordonna que nos deux uniques pièces fussent pointées sur les portes de l'église, lesquelles furent en effet entièrement détruites au bout de quelques décharges. Nos volontaires se précipitèrent immédiatement en avant, mais ils ne réussirent à s'emparer que de deux gardes nationaux : les autres s'étaient retranchés dans la tour. Zumalacárregui voyant cette poignée d'hommes bien résolus à ne pas se rendre, voyant aussi qu'il lui faudrait beaucoup de temps pour miner l'édifice solide où ils s'étaient logés, craignant enfin l'appproche de quelque colonne ennemie, décida de livrer l'église aux flammes. Cette résolution concorda avec un ordre exprès de D. Carlos qu'apportait en même temps le baron des Vallées (2. En conséquence, on amoncela au pied de la tour des amas considérables de bois et d'autres matières combustibles arrosées d'eau-de-vie. Les assiégés se croyaient sûrs

(1) Il semble incroyable que le brigadier Lopez, qui avait alors à sa disposition une cavalerie aussi nombreuse et aussi bonne, avec un terrain favorable pour en user, se fût contenté de défendre le bourg. — NOTE DE L'ABRÉVIATEUR ESPAGNOL.

(2) Intrigant aventurier français, qui vécut quelques années à Madrid, tenant un misérable cabinet de lecture de journaux. — NOTE DE L'ABRÉVIATEUR ESPAGNOL.

d'être secourus au bout de peu d'heures. Nous avons su qu'il y avait parmi eux quelques femmes et quelques enfants, ainsi que deux moines, leurs prisonniers.

Bientôt s'offrit à nous le plus terrible exemple des horreurs auxquelles peut atteindre la guerre civile. La superbe église brûla toute la soirée et, aux environs de dix heures de la nuit, les flammes cachaient déjà la tour. Les gardes nationaux, en cherchant à fuir, comme ils pouvaient, le voisinage du feu, continuaient à diriger une fusillade bien nourrie contre tous ceux des nôtres qui se laissaient voir. L'on entendait les cris de ceux qui se réfugiaient dans les angles de l'édifice pour éviter les flammes grandissantes, et ceux des femmes et des enfants. Enfin, vers le matin, on entendit quelques cris de : Vive le Roi ! et le commandant de la tour ayant demandé si on ferait quartier, on lui répondit qu'on n'en ferait point aux hommes. Il demanda alors si c'était Zumalacárregui qui dirigeait lui-même le siége. Le général venait précisément alors de s'approcher, et, avec la plus extrème imprudence, il cria, tout près de l'église : « Oui, me voici ». Le commandant lui dit alors que ni lui ni ses compagnons ne pouvaient plus résister à la chaleur ni à la fumée, et demanda si, avant leur mort, on leur accorderait les secours de la religion. Zumalacárregui répondit que les carlistes ne refusaient jamais à leurs ennemis ce genre de consolation, mais que, quant à leurs personnes, ils n'avaient aucune grâce à attendre. Je m'étonnai extrèmement que quelques-uns de ces hommes, qui s'étaient défendus avec une énergie et un courage si admirables, et à qui ne restait aucun espoir de survivre même une heure après qu'ils eussent cessé de se défendre, ne profitassent pas d'une occasion aussi favorable pour tuer, dans une décharge, leur ennemi le plus redoutable et le plus exécré, alors qu'ils se trouvaient à moins de soixante pas de lui. On éteignit le feu le plus vite qu'on put, mais quand on plaça les échelles pour que les volontaires pussent monter et recueillir les armes, la fumée était encore intolérable. Trente hommes de la garnison, trois femmes et quatre enfants, avaient péri pendant la défense, moins par la fusillade des assiégeants que par les flammes et la fumée. Tous les autres offraient un aspect épouvantable et étaient si affaiblis qu'on eut beaucoup de peine à les faire descendre de la tour. Ils furent tous passés par les armes après avoir reçu les secours spirituels.

Au mois de décembre 1834, nous fûmes cantonnés dans les villages de la Berrueza, le général ayant sous ses ordres presque toute son armée réunie. L'ennemi, depuis l'affaire d'Alegria, ne montrait plus l'envie d'entreprendre quelque opération. Cependant, après être restés quelque temps dans l'inaction la plus complète, les généraux de la reine résolurent de réunir leurs forces à Estella et à los Arcos, avec l'intention évidente de ranimer le courage de leurs soldats par un succès. Zumalacárregui qui, comme nous l'avons dit, occupait, avec douze bataillons, Piedramillera et d'autres villages de cette vallée, était fort disposé à accepter le premier combat qu'on lui offrirait. Ayant appris dans la matinée du 12 décembre que le général Córdoba s'était mis en mouvement avec ses forces, il forma les siennes en bataille à côté de Mendaza et près des défilés qui conduisent aux montagnes de Santa-Cruz de Campezu ainsi qu'aux villages voisins. Nos postes avancés se replièrent promptement à l'approche de l'ennemi, qui arrivait dans la direction de Sarlada avec une dizaine de mille hommes. Zumalacárregui donna à Iturralde le

— 65 —

commandement de trois bataillons avec lesquels il
devait tenir en avant de Mendaza. L'ennemi, qui
avait divisé ses forces en six colonnes d'attaque, en
dirigea une avec la plus grande vigueur sur ces
trois bataillons.

Iturralde, au lieu de se retirer alors, comme
il aurait dû le faire, un peu sur sa gauche,
emporté par son ardeur, résolut d'avancer ; mais,
après un combat des plus vifs contre la colonne
ennemie, il se vit obligé de se retirer en subissant
des pertes sérieuses. En même temps deux autres
colonnes de la reine montaient avec rapidité jusqu'aux hauteurs où se trouvaient les 3e et 6e bataillons navarrais, et elles les chassèrent de leurs
positions avec une incroyable promptitude. Trois
bataillons furent alors détachés pour soutenir la
retraite, ou plutôt la déroute des deux autres. Dans
cette circonstance, l'un des bataillons de guides
déploya sa bravoure accoutumée, et lui seul se
maintint en bon ordre, tandis que presque tous les
autres se débandaient. Le bataillon appelé *du
Requeté* opposa aussi une résistance vigoureuse et,
avec celui des guides, il permit de sauver tous ces
hommes dispersés. Nos trois escadrons reçurent
alors l'ordre d'arrêter la cavalerie ennemie ; mais
deux bataillons, que le général Córdoba tenait
embusqués sur notre gauche dans un pli de terrain,
firent pleuvoir sur nous des décharges redoublées
qui, jointes au feu très-vif de l'artillerie, nous obligèrent à nous retirer précipitamment. Si à ce moment le brigadier Lopez nous eût poursuivis avec
ses escadrons, la victoire des troupes de la reine
eût été plus complète encore.

En attendant, notre cavalerie castillane et le
premier escadron navarrais qui, d'un autre côté,
reçurent l'ordre de s'opposer aux progrès de l'ennemi, furent vigoureusement chargés et dispersés.

5

Les carlistes perdirent dans cette affaire plus de six cents morts et un nombre double de blessés, et les cristinós, de leur côté, subirent aussi des pertes considérables.

La nuit et la présence de Zumalacárregui empêchèrent ces derniers d'obtenir de plus grands avantages, et nous pûmes nous retirer en sécurité à Zúñiga, à Arbizo et à Santa Cruz de Campezu.

# DEUXIÈME PARTIE

## CHAPITRE I<sup>er</sup>

Combat du pont d'Arquijas. - Mouvement d'Oráa. — Défaut de munitions chez les carlistes. — Le général Mina prend le commandement de l'armée du Nord. — Mina.

Le lendemain de l'affaire de Mendaza, nous parvînmes à nous réunir à Zúñiga. Zumalacárregui avait un aspect fulgurant et donnait ses ordres d'un air de mécontentement très-prononcé. Nous nous regardions tous en observant ce silence mélancolique qui règne toujours dans une armée après la défaite. Un simple coup d'œil sur les physionomies, depuis celle du général jusqu'à celle du dernier tambour, laissait bien reconnaître que nos affaires étaient en mauvais point. A mesure qu'un bataillon défilait, nous regardions avec anxiété pour découvrir si nos amis, nos connaissances étaient encore en vie, car une nuit seulement s'étant écoulée depuis le combat, il était impossible de savoir encore qui était blessé ou tué.

Córdoba, après sa victoire, sachant que Zumalacárregui ne se trouvait qu'à une lieue, résolut de nous attaquer de nouveau.

Je ne saurais comprendre comment ce général retarda l'exécution de son projet jusqu'au 15, se portant d'abord en arrière depuis la Berrueza jusqu'à los Arcos et revenant en avant le 14. Peut-être voulut-il fatiguer nos troupes en les forçant à rester deux jours de suite sous les armes, par un froid pénétrant, tandis que les siennes étaient parfaitement cantonnées.

Le bourg de Zúñiga, entouré d'un vieux mur, quoique de faible importance, offre cependant une défense facile. Il est situé à l'extrémité d'une plaine, au sommet d'un coteau assez élevé. Bien que le terrain qui l'entoure soit rempli d'arbustes et fort pierreux, et rende ainsi son accès difficile, l'obstacle principal consiste cependant dans la rivière d'Ega qui baigne pour ainsi dire ses murailles.

Dans la matinée du 15, je fus envoyé pour faire une reconnaissance avec les lanciers de l'escorte, et je m'avançai jusque proche de Mendaza. Je constatai que le gros de l'ennemi avançait, et aussitôt je fis passer avis de ce mouvement, me repliant moi-même sur nos bataillons. A onze heures du matin le troisième de Navarre et une partie du quatrième occupaient les bords de l'Ega, cachés parmi les arbres. Les autres troupes, au nombre de douze bataillons, étaient distribuées sur les hauteurs, et en réserve en arrière de Zúñiga ; enfin, dans la plaine, entre ce dernier point, Orbizo et Santa Cruz, se trouvaient six escadrons échelonnés. Córdoba avait déjà précédemment détaché le général Oráa avec quelques troupes pour que, grâce à une marche forcée par le Valderana, il vînt se placer sur nos derrières, et, afin de lui donner le temps nécessaire pour cette opération, il suspendit son attaque jusqu'à l'heure fixée. Zumalacárregui couvrit ses derrières avec trois bataillons alavais, et, réunissant sa cavalerie dans la plaine, en face de Zúñiga, il établit aussi au même endroit tout le gros de ses forces. Je crois que sa première intention fut alors de se jeter sur l'ennemi sans lui donner le temps de se former dans la plaine de l'autre côté de la rivière, entre Zúñiga et les parties couvertes d'arbres et de vignes ; mais il ne comptait pas avec la vaillante défense que firent en cet endroit quatre bataillons ennemis. De plus Córdoba le prévint, en plaçant quatre pièces d'artillerie à côté de l'ermitage de Notre-Dame d'Arquijas qui fait face au pont et en occupant les hauteurs qui se trouvent immédiatement sur l'autre bord de la rivière.

Pendant quatre heures consécutives l'ennemi fit jouer quatre pièces d'artillerie, entretenant en même temps une fusillade très-vive ; mais, malgré les pertes visibles que nous éprouvions parfois, nos soldats se maintenaient fermes à leurs postes, pleins de constance et de courage. L'ennemi, étant parvenu à former deux bataillons dans la petite plaine qui s'étendait entre la rivière et les hauteurs, supportait un feu terrible pour se maintenir dans cette position, et faisait des efforts désespérés pour franchir la rivière. Au plus fort du combat, quelques cristinós, qui furent assez téméraires pour passer la rivière, furent tous tués à coups de baïonnette sur la rive que nous occupions. Córdoba alors suspendit un moment ses efforts pour les reprendre ensuite avec une vigueur nouvelle.

Zumalacárregui faisait relever les troupes chargées de la défense du pont : trois bataillons se retiraient avec leurs blessés quand trois autres étaient venus prendre leur place ; de cette façon le général empêchait le trop grand épuisement des troupes et leur donnait une nouvelle émulation. Córdoba continua jusqu'à trois heures après-midi, ses feux et ses tentatives pour forcer le passage du pont ; il essaya aussi de franchir la rivière à gué, mais, dès que quelques-uns des siens arrivaient sur notre bord, ils étaient mis en pièces. Son attaque finit par faiblir beaucoup, et il est certain que, désespérant d'aboutir, l'ennemi eût renoncé définitivement à sa tentative s'il n'avait attendu l'arrivée d'Oráa. Ce dernier avait, en effet, franchi les défilés de Gastrain, pour tomber sur nos derrières en passant par Val de

Lana (1). Quelques troupes ennemies furent envoyées aussi par Santa Cruz de Campezu, et trois escadrons des nôtres furent expédiés pour les arrêter, au lieu d'aller s'opposer à la marche d'Oráa.

Ce général, dirigeant une attaque furieuse contre nos Alavais, les faisait déjà fuir en désordre, malgré l'intrépidité d'Iturralde et de son chef de bataillon Villareal, lorsque Zumalacárregui, après avoir assuré la défense du pont et du passage de la rivière, arriva avec le premier bataillon de Navarre et le premier de Guipuzcoa, et rétablit le combat. Nos bataillons avancèrent résolument jusqu'à l'ennemi, et celui-ci, tant à cause de l'heure avancée qu'à cause des renforts que les nôtres avaient reçus, se disposa à la retraite. Bientôt après, la nuit étant survenue, Córdoba se replia sur los Arcos, après avoir allumé de grands feux sur les hauteurs voisines de la rivière, pour nous faire croire qu'il passait la nuit sur cette position. Les troupes de la reine, dans les deux attaques de cette journée, eurent environ quatre cents blessés et deux cents morts, sans compter quelques hommes égarés. Les pertes des carlistes furent à peu près pareilles quoique, depuis, un grand nombre de leurs blessés, les plus gravement atteints, mourût par l'effet du grand froid qu'il faisait.

La rigueur de la saison et la quantité de neige qui tomba nous obligèrent à nous réfugier dans les Amezcuas. L'ennemi se cantonna à Estella, à los Arcos et à Viana, localité qu'il avait fortifiée depuis la dernière catastrophe de Carondelet, au mois d'août précédent. Il nous fallait attendre quelque temps avant de pouvoir prendre l'offensive, non seulement à cause du mauvais temps, mais encore

(1) Ou Valderana.

parce que nous étions presque entièrement dépourvus de munitions. Nos deux fabriques du Val de
Bastan et d'Echalar nous envoyaient journellement
bien peu de poudre, à cause de la rareté du salpê-
tre et du soufre, articles que l'on ne pouvait tirer
que de France, par contrebande et à des prix dou-
blés. On ne pouvait nous expédier de ce pays de la
poudre fine sans courir le risque de la voir saisir à
la frontière. Aussi, le défaut fréquent de munitions
était-il une des plus grandes difficultés contre lesquelles eût à lutter le chef des carlistes.

Dans ces circonstances arriva, pour prendre le
commandement de l'armée, Mina, le cinquième des
généraux en chef qui ne purent soumettre les provinces soulevées. Sa venue fut considérée en Europe
comme un événement décisif pour la guerre ; il ne
manqua pas de causer de l'effroi dans le parti carliste.

Cependant Zumalacárregui s'en épouvanta fort
peu. Il connaissait à fond son nouvel adversaire, et à
ce moment, malgré sa circonspection habituelle, il
parlait plus que jamais des avantages qu'il se pro-
mettait d'obtenir. Quand il se mesurait pour la première fois avec un général, il avait l'habitude de
dire sur le champ de bataille : « Ah ! celui-ci est
» comme les autres. J'ai beaucoup entendu parler
» de lui, et je ne doute pas de ses aptitudes, mais
» nous verrons qui des deux l'emportera ». Quand
Mina prit le commandement, on entendit plusieurs
fois Zumalacárregui dire qu'il aimait mieux faire la
guerre à celui-là qu'à n'importe quel autre ; que
les autres pouvaient lui donner à réfléchir avec
leurs mouvements et leurs combinaisons, tandis
qu'il comprendrait toujours Mina immédiatement.
Ce général avait certainement de l'intelligence et
l'habitude de ce genre de guerre, mais son adversaire réunissait ces deux qualités à un degré peut-

être plus élevé que lui, et de plus, il.était favorisé
visiblement par les circonstances, lesquelles avaient
tant aidé Mina jadis dans la guerre de l'Indépendance, et qui maintenant tournaient contre lui.
Mina, avec sa connaissance des localités, avait pu
alors développer ses qualités comme partisan habile,
mais à présent il ressemblait à un homme habitué
à jouer d'un instrument et obligé de jouer d'un
autre qu'il ne connaît pas. Il ne faut donc pas
reprocher au général Mina de ne point avoir mis
fin à la guerre, mais seulement d'avoir fait moins
que ses prédécesseurs ou ses successeurs, et encore
la cause en est-elle dans son perpétuel état de
maladie plutôt que dans son insuffisance en matière
de connaissances militaires.

# CHAPITRE II

Mouvements et position des troupes belligérantes. — Combat de Segura. — Retraite d'Ormaistegui opérée par les troupes de la reine.

Le 2 janvier 1835, nous nous trouvions à Villareal de Guipuzcoa, lorsque nous apprîmes qu'une colonne ennemie avait passé la nuit à Oñate. La marche fut battue à dix heures, et l'on nous distribua des munitions, ce qui nous fit supposer que nous allions avoir quelque affaire. Zumalacárregui alla seul, avec quatre bataillons et un escadron, se placer à un point également distant de Vergara, de Bilbao, de Saint-Sébastien et de Villafranca, dont les fortes garnisons devaient vraisemblablement se concerter au premier avis, pour chercher à l'incommoder. Pendant la marche, l'on intercepta un pli destiné au gouverneur de Vitoria, et qui lui annonçait que les colonnes d'Espartero, de Jauregui, de Lorenzo et de Carratalá avaient opéré leur jonction et formaient un corps de plus de dix mille hommes. Il y était dit en outre que le chef carliste allait se voir bloqué dans ses propres tanières, et que ni lui ni ses hordes n'avaient plus aucun moyen de se sauver.

A l'arrivée à Ormaistegui, lieu de naissance du général, nous prîmes une direction oblique vers la droite et fîmes halte au sommet d'une montagne par où passent les sentiers conduisant à la vallée au fond de laquelle se trouve le village de Segura.

Les troupeaux paissent sur cette montagne dont la seule végétation est une herbe fort courte, et pour que chaque propriétaire puisse y reconnaître aisément ses limites, on y a élevé des murettes de pierre, lesquelles peuvent admirablement servir de parapets pour le tir de l'infanterie. C'est là que Zumalacárregui plaça les bataillons de guides et le sixième de Navarre. Il envoya le troisième de la même province prendre possession de Segura, point qui se prêtait à une défense vigoureuse. Il établit le quatrième bataillon de Guipuzcoa sur le penchant de la même montagne, au-dessus d'une plaine au bas de laquelle se trouve la rive droite de la r vière d'Orio, et entre deux ponts peu éloignés l'un de l'autre. De cette façon, quand même l'ennemi nous eût délogés de notre position sur la montagre, notre retraite sur Segura restait couverte. Le général manifesta l'intention de recommencer le combat d'Arquijas, malgré le peu de forces dont il pouvait disposer en cette occasion. L'ennemi occupait déjà Ormaistegui avec des troupes nombreuses. Les nôtres se montraient mécontents de ce qu'on les exposât ainsi, quand ils étaient aussi rapprochés de Segura et à peu de distance des montagnes par où l'on pouvait, en cas de besoin, opérer facilement sa retraite. Mais Zumalacárregui avait des raisons sérieuses pour prolonger le plus possible la défense de cette position, puisqu'il attendait, pour le lendemain matin, l'arrivée, par la Borunda, d'Iturralde avec huit bataillons.

Le général sut communiquer à ses troupes la confiance et la tranquillité d'âme qui ne le quittaient pas, malgré les masses obscures de cristinós qui se disposaient des deux côtés du chemin de Segura et avançaient sur nous. Bientôt commença des deux parts le feu des tirailleurs, les nôtres se repliant peu à peu sur leurs bataillons respectifs.

Le général Carratalá commandait en cet endroit toutes les troupes de la reine.

Les colonnes d'Espartero et de Jaúregui vinrent se placer en face de la position qu'occupait le bataillon de guides, échelonné le long des parapets de pierres dont j'ai parlé. Le général Lorenzo attaqua notre sixième bataillon, qui couvrait une partie autre des flancs de la montagne, à la gauche du chemin de Segura ; mais les efforts de l'ennemi de ce côté ne furent pas comparables à ceux qu'il fit pour vaincre la vive résistance que lui opposa à notre droite le bataillon de guides, protégé par ses abris. Les cristinós avançaient résolument, malgré le feu bien dirigé qu'ils recevaient, et réussirent à s'emparer de nos premiers parapets, où ne se trouvaient que peu de défenseurs ; ils se précipitèrent ensuite avec une véritable furie sur ceux qui couvraient le reste de notre monde. Un grand nombre de leurs officiers se distinguèrent alors, animant leurs soldats par l'exemple, et l'on en vit plusieurs tomber, leurs armes au clair, à la tête de leurs compagnies.

Zumalacárregui, à cheval, un fouet à la main (il tirait rarement son sabre), parcourait les rangs au galop et animait l'ardeur de ses hommes : « Ne » les laissez pas passer, mes enfants ! » leur disait-il, et eux répondaient : « Ils ne passeront pas ! ils ne passeront pas ! » Deux capitaines de guides et une quinzaine d'hommes se jetèrent en avant pour tâcher de s'emparer d'une pièce de montagne, mais aucun de ces braves ne revint. Le général ennemi, voyant ses pertes augmenter continuellement, sans que les carlistes parussent sur aucun point mollir dans leur défense, commanda une attaque générale à la baïonnette sur notre ligne. Aussitôt les troupes franches de Jaúregui se précipitèrent sur nous ; mais elles furent repoussées d'une manière admirable par le bataillon de guides. La mort du commandant des *peseteros* (1) et d'un grand nombre de leurs offi-

(1) Troupe ainsi appelée, parce que sa paie était d'une *peseta* : un franc.

ciers produisit dans les rangs ennemis un léger désordre, dont nous sûmes tirer parti à propos. « A la baïonnette ! à la baïonnette ! » s'écriaient les guides, et, ce cri héroïque s'étant étendu à tous les bataillons, ils se lancèrent en avant avec une incroyable furie, obligeant les cristinós à se replier jusqu'à la plaine. Trois fois les troupes ennemies revinrent à la charge, redoublant d'efforts pour reconquérir le terrain perdu, et trois fois elles se brisèrent, avec des pertes considérables, contre les baïonnettes de notre infanterie.

Zumalacárregui eut beaucoup de peine à contenir l'impétuosité de sa troupe, qui poussa la témérité jusqu'à descendre des hauteurs dans la plaine, où il eût été facile à l'ennemi de l'anéantir. La nuit et la prudence du général mirent un terme à cette journée si sanglante.

On a dit à cette époque qu'après le combat il y eut des discussions violentes entre les généraux de la reine, et surtout entre Espartero et Jaúregui, qui s'accusaient mutuellement d'avoir été cause du mauvais résultat de la journée. Cependant ils ne renoncèrent pas au dessein de s'emparer de ce passage, qui leur avait coûté déjà tant de sang, et ils passèrent toute la nuit à Ormaistegui. Nos troupes la passèrent à Segura et à Cegama. Les cristinós perdirent dans cette affaire deux cents morts et plus de quatre cents blessés et les carlistes en tout environ 500 hommes.

Le lendemain, 3, vers dix heures, nous apprîmes, à notre grande surprise, que les colonnes ennemies se mettaient en mouvement, et Zumalacárregui donna l'ordre de réoccuper les mêmes positions que la veille, se proposant de les défendre jusqu'à l'arrivée d'Iturralde, lequel avait la nuit même reçu l'ordre d'attaquer les derrières de l'ennemi. Carratalá, voyant ce qui se passait, fit revenir ses

bataillons sur leurs pas au moment où ils commençaient à gravir la hauteur. Notre général alors se
montra inquiet de ce que son projet avait été
découvert, et se prépara aussitôt à poursuivre les
colonnes de la reine dans leur retraite par Ormaistegui sur Vergara. Ce fut certes un spectacle curieux
de voir trois mille carlistes donner la poursuite à
un corps d'armée de plus de dix mille hommes, et
ce dernier s'efforcer de se couvrir en disposant des
compagnies de flanqueurs des deux côtés du chemin. Cependant, l'ennemi ne pouvant, malgré ses
précautions, empêcher que la marche de son arrière-
garde ne fût quelque peu désordonnée, occupa une
position en plaine sur le chemin d'Ormaistegui à
Villareal de Guipuzcoa et y déploya le régiment
d'infanterie du Prince. Celui-ci, grâce à quelques
feux de salve, posa des bornes à la témérité des
poursuivants.

Dans cette occasion, Zumalacárregui reçut deux
balles dans ses vêtements. La poursuite avait duré
jusqu'à dix heures du soir et s'était prolongée jusqu'aux approches de Vergara. Une grande quantité
de shakos, de havresacs et de fusils marquaient
le passage des cristinós, dont la retraite, quand ils
traversèrent Villareal, dégénéra en déroute. Les carlistes cependant, à cause de leur petit nombre, ne
purent poursuivre leur avantage.

Le résultat du combat du 2 et de la retraite du 3
prouvèrent aux généraux ennemis qu'ils avaient en
Zumalacárregui un adversaire qui n'était pas seulement un habile partisan, mais qui était capable
aussi de se mesurer avec eux en rase campagne.
Nos soldats y perdirent de leur côté la véritable
terreur que leur avaient inspirée jusqu'alors les
*peseteros*, les *chapelgorris* (1) et les carabiniers.

(1) En basque : *chapeaux rouges*, du nom de leur chef.

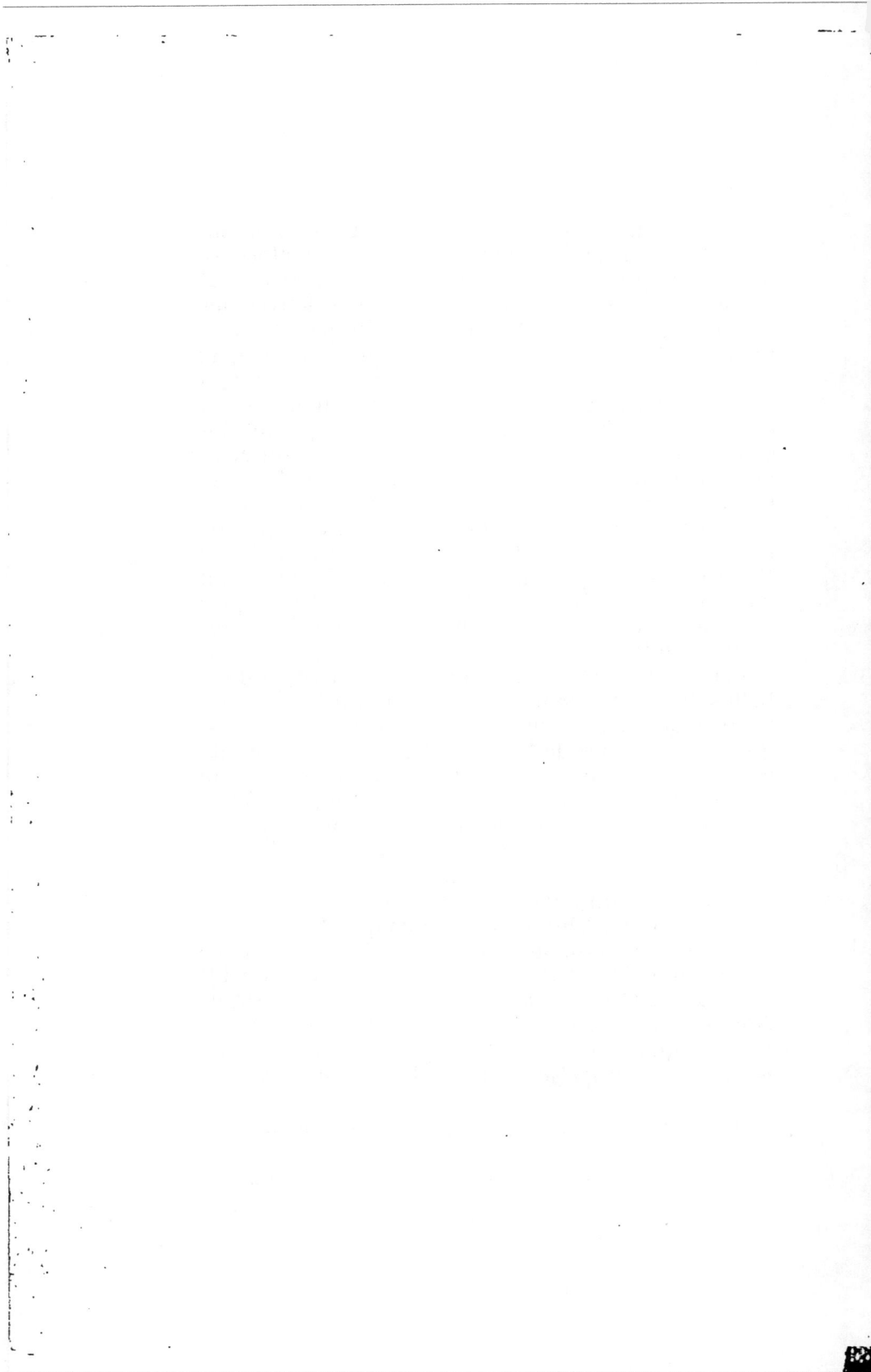

# CHAPITRE III

Mouvements de Zumalacárregui. — Position de Córdoba et
d'Oráa. — Combat d'Orbiso, malheureux pour les carlistes. — Eraso surprend le régiment provincial de Grenade. — Sort funeste des prisonniers. — Mouvements
d'Oráa et d'Ocaña du côté du Bastan. — Conduite du
dernier à Ciga. — Il lui vient du secours.

Au milieu de janvier 1835, un corps considérable de carlistes s'approcha de Maestu, avec l'intention de bloquer cette place, tandis que Zumalacárregui occupait avec quatre bataillons Santa Cruz
et Orbiso, près de Zúñiga et du fameux pont d'Arquijas. Il n'avait pas alors d'autre dessein que de
fatiguer l'ennemi par des escarmouches nombreuses
dans des lieux favorables, et de lui occasionner des
pertes. Cependant il ne put réaliser ses intentions
et s'avança jusqu'à Zúñiga. Les troupes de Córdoba
et d'Oráa étaient cantonnées dans les villages de la
Berrueza, et elles paraissaient de nouveau disposées à tenter le passage du pont d'Arquijas, qui
déjà leur avait coûté si cher. Après deux jours de
séjour à Zúñiga, Zumalacárregui revint à Orbiso,
comme pour leur céder le champ par courtoisie.
L'ennemi occupa aussitôt Zúñiga, décidé à attaquer
notre général et de profiter de ce qu'il se trouvait
tout près et avec des forces très-réduites.

Zúñiga et Orbiso ne sont séparées que par une
plaine fertile couverte de vignes, avec un petit bois
de chênes. Le dernier des deux villages se trouve
au pied d'une colline que franchit le chemin de
Contrasta ; devant le village passe un ruisseau qui
alors était passablement grossi par les pluies. L'ennemi arriva sans obstacle au bord du ruisseau, et

là deux de nos compagnies, dispersées en tirailleurs, l'arrêtèrent pendant quelques minutes seulement, jusqu'au moment où un escadron de cavalerie eut franchi le gué. Quelques instants après, l'infanterie ayant passé à son tour, une fusillade très-vive des deux côtés s'engagea au pied de la colline, sur laquelle nous n'avions que trois bataillons, force bien insuffisante pour défendre cette position contre un ennemi supérieur en nombre. Si nous avions eu là les bataillons qui se trouvaient en réserve en arrière sur les hauteurs de San Vicente, dans la direction de la basse Amezcua, peut-être aurions-nous pu tenir toute la journée. Les troupes ennemies soutenaient l'attaque avec fermeté, et, après un feu d'une heure et demie, elles réussirent à rompre un bataillon alavais, ce qui nous obligea à abandonner cette petite hauteur, non sans pertes, ni sans précipitation. Nous nous repliâmes en désordre sur la montagne de San Vicente, sur laquelle Zumalacárregui avait, pour nous protéger en cas de déroute, placé deux bataillons. Deux escadrons navarrais étaient formés en bataille par son ordre dans une petite plaine au bord des chemins de San Vicente. Des tirailleurs, fort habilement disposés entre les rochers, empêchaient, par un feu très-vif et très-bien dirigé, l'ennemi de continuer à nous poursuivre et de tirer un meilleur parti de notre fuite désordonnée.

Je vis alors Zumalacárregui, seul avec un de ses aides de camp, le sabre à la main, arrêter les fuyards d'un ton d'autorité. Un escadron commandé par D. Thomas Reina s'avançait déjà pour les contenir et permettre de les reformer, et, une fois qu'ils eurent repris leurs rangs, toutes nos forces se dirigèrent en ordre sur Contrasta, où nous passâmes la nuit. Nous perdîmes quatre cents hommes dans cette affaire, et l'ennemi en perdit un peu moins.

Zumalacárregui, ayant appris que l'ennemi se disposait à envoyer à los Arcos un convoi avec deux cents blessés, quelques chevaux inutiles et deux pièces d'artillerie, fit sortir de Contrasta, dans le plus grand silence, un escadron et trois cents hommes d'infanterie choisis, pour aller le surprendre dans les défilés. Ce convoi n'eût pas manqué de tomber entre nos mains si le général ennemi, soupçonnant quelque chose, n'avait donné contre-ordre, si bien que le convoi ne quitta pas Zúñiga cette nuit-là. Cependant un peloton de cavalerie ennemie fut atteint et malmené, et notre colonne rentra vers le matin, complétement rendue de fatigue. Zumalacárregui avait pour habitude d'effrayer l'ennemi par ses expéditions nocturnes, même après avoir fait les marches les plus fatigantes et avoir livré les combats les plus acharnés : il lui prouvait ainsi que, même après un triomphe, il ne pouvait compter sur trois jours de tranquillité. Nous avions déjà reçu la nouvelle de la destruction complète du régiment provincial de Grenade par le général Eraso Cet événement s'était passé dans un lieu voisin de la frontière de Castille et de Biscaye, appelé Barcenilla del Ribero. Le régiment en question était l'objet de la haine particulière des carlistes qui l'accusaient d'avoir pris part aux massacres des religieux à Madrid pendant le mois de juillet précédent. Eraso, par une marche forcée audacieuse, le surprit au point que nous avons indiqué ; seul, le colonel marquis de Campo-Verde put se sauver avec une soixantaine d'hommes. Cent soixante hommes de troupe et treize officiers furent amenés à Mondragon et passés par les armes. On en avait fusillé déjà un grand nombre d'autres à côté de Puente-Nuevo, à une portée de canon de Bilbao, et l'irritation des paysans contre eux était telle qu'ils les pendirent aux arbres avec leurs uniformes.

**6**

' Le défaut d'artillerie empêchait Zumalacárregui d'attaquer aucun point fortifié ; il voyait bien cependant qu'il ne pourrait entreprendre aucune opération à une grande distance des provinces tant qu'il n'aurait pas balayé les nombreuses garnisons qui les commandaient en grande partie. Il chargea donc le commandant d'artillerie Reina de choisir l'endroit qui lui parût le plus approprié et d'y faire quelques mortiers. Après beaucoup de temps et bien des essais laborieux, il réussit à fournir deux mortiers de sept pouces et deux autres de treize. Plus tard, il fit aussi des bombes.

Sagastibelza avait occupé pendant longtemps le Bastan et bloquait Elizondo. C'est contre cette place que l'on étrenna les deux mortiers de Reina avec un succès complet, car, dans une lettre qui fut interceptée, le gouverneur de Zúgarramurdi se plaignait de ce que l'artillerie carliste causait beaucoup de dégâts dans la ville. Cependant, tandis que le gros de l'armée ennemie absorbait principalement l'attention de Zumalacárregui, les généraux Oráa et Ocaña, avec trois mille hommes, furent envoyés de Pampelune au secours d'Elizondo, et Reina dut enterrer ses pièces dans un endroit caché de la vallée de Sanz. Oráa, qui avait divisé sa colonne en deux, trouva Sagastibelza tout prêt à lui faire face. En outre, trois bataillons envoyés par Zumalacárregui vinrent se placer entre ces deux portions de colonne. L'une d'elles se vit ainsi obligée de se réfugier à Pampelune, et l'autre, menacée sur ses deux flancs, dut aller s'enfermer dans le petit village de Ciga. Le brigadier Ocaña, qui la commandait, fit fortifier cette localité pour attendre les troupes que Mina pourrait envoyer à son secours. Zumalacárregui, laissant alors le plus grand nombre de ses bataillons en présence de Córdoba pour l'empêcher de la suivre par derrière, s'avança rapide-

ment avec quatre bataillons seulement, et arriva
devant Ciga, résolu à bombarder les maisons de ce
village, occupé par dix-huit cents hommes de l'ennemi. Les assiégés arborèrent un drapeau parlementaire, et, par ordre d'Ocaña, un paysan vint
dire à Zumalacárregui qu'il tenait comme otages
une partie des habitants riches du pays, outre tous
ceux de Ciga, et qu'au moment où une seule bombe
tomberait sur une maison, il ferait mettre à mort
sans pitié tous ces infortunés. Ocaña permit aussi
à quelques-uns d'entre eux de se présenter au
général carliste. et, par leurs larmes et leurs
prières, ils obtinrent qu'il renonçât à son point
d'attaque.

Néanmoins, les cristinós étaient si absolument
dépourvus de toute espèce de vivres, que quelques
soldats, malgré le tir de nos troupes, se hasar-
daient jusque dans les champs voisins pour y arracher un peu de racines. Lorsque Mina connut la
situation malheureuse de cette colonne, il réunit
toutes les forces qu'il put et, grâce à une marche
rapide et des plus fatigantes, il força Zumalacárregui à se retirer. Puis il incendia la fonderie que les
carlistes avaient établie à Doña Maria, et le brigadier Barrena, par son ordre, fit fusiller quarante
de nos blessés.

# CHAPITRE IV

Opérations du général Lorenzo. — Second combat d'Arquijas et de Santa Cruz de Campezu. — Conduite du général Mina dans le Bastan. — Siége et prise des forts de los Arcos. — La garnison se sauve. — Conduite de Zumalacárregui vis-à-vis des blessés prisonniers.

Le général Lorenzo, craignant que Zumalacárregui ne rencontrât ses troupes et se plaçât entre le Bastan et Pampelune, réunit, devançant ses ordres, les forces d'Oráa et de Lopez, formant ainsi un corps de plus de huit mille hommes. Il se mit en route pour nous attaquer près des mêmes positions d'Asarsa et de Mendaza, où nous avions été battus par Córdoba. Le feu commença aux environs de midi ; les forces étaient à peu de chose près égales des deux côtés. L'attaque eut lieu sur trois points différents : au pont d'Arquijas, à Santa Cruz de Campezu et aux moulins de Santa Cruz. Mais le combat le plus sanglant et le plus sérieux fut celui du premier point, où commandait Lorenzo en personne. Quoique l'action durât jusqu'à la nuit, cette seconde affaire du pont d'Arquijas fut loin d'être aussi grave que la première. Les cristinós, voyant que leur artillerie ne produisait pas tout l'effet qu'ils en attendaient, firent, avec mille hommes, un vigoureux effort à la baïonnette, et déjà nos troupes commençaient à se débander, après avoir vu tuer leur brigadier, lorsque Zumalacárregui vola à leur secours avec le bataillon des guides de Navarre ; le commandant Fous, de ce bataillon, fut blessé, mais l'ennemi fut repoussé sur l'autre rive. Lorenzo jugea alors convenable de se retirer, et il se replia en bon ordre sur la Berrueza, après avoir eu qua-

tre cents hommes hors de combat. Les carlistes en
avaient perdu à peu près autant. Le lendemain,
Lorenzo, craignant que Zumalacárregui ne voulût
se retourner contre Mina, marcha jusqu'à Pampelune, après avoir laissé des garnisons à Estella et à
los Arcos.

Cependant Mina pratiquait dans le val de Bastan
les perquisitions les plus minutieuses pour découvrir où l'on avait enterré l'artillerie des carlistes ;
il ne put toutefois trouver qu'un mortier de grande
dimension, et il réussit à prendre les paysans qui
avaient aidé à son transport. Mais ces malheureux
ne pouvaient fournir aucune indication puisque,
quand les volontaires les avaient employés à cette
opération, ils les avaient emmenés de leurs maisons les yeux bandés. Mina, sachant cela, eut
néanmoins la cruauté d'ordonner qu'ils fussent
immédiatement fusillés ; aussi tous les paysans qui
avaient, comme eux, travaillé au transport des pièces, épouvantés par cet exemple, prirent-ils la
fuite pour la partie la plus sauvage des montagnes.
Mina, voyant qu'il ne rencontrait plus aucun paysan aux environs de Doña Maria, où il croyait les
pièces enterrées, voulut se venger d'eux sur leurs
troupeaux et fit fusiller jusqu'aux bœufs qui avaient
servi au transport. Ce trait rappelle Xerxès, roi des
Perses, dont l'histoire nous raconte qu'il a fait fouet=
ter un jour l'Hellespont.

La localité de los Arcos, dans la Ribera de
Navarre, offrait aux cristinós un point de retraite
qui était aussi sûr pour eux qu'il était gênant pour
les carlistes. Les troupes de la reine avaient fortifié une partie de l'endroit et, en outre, la construc-
tion isolée d'Azcorbe, et Lorenzo, après sa dernière
retraite d'Arquijas, supposant que nous nous éloi-
gnerions dans la direction du Bastan, n'y avait
laissé qu'une faible garnison. Il en avait même

emmené toute l'artillerie. Zumalacárregui n'avait jamais songé à l'attaque de ces forts, supposant qu'ils pourraient être promptement secourus depuis Pampelune par Mina ou par Lorenzo ; cependant il jugea à propos de les attaquer néanmoins, tandis que Mina s'épuisait à chercher par tout le Bastan les pièces, et particulièrement le mortier qui était déjà en batterie contre le fort de los Arcos.

En effet, le 22 février à midi, la partie du bourg non fortifiée était occupée par Iturralde avec le premier bataillon de Navarre. Toute notre artillerie de siége se composait du mortier de treize pouces, de deux autres mortiers de six pouces, d'un vieux canon de fer de huit, que l'on avait déterré en Biscaye et qui comptait plus d'un siècle d'existence, et de deux petites pièces de montagne. Le lendemain, 23, à 8 heures, nous ouvrîmes le feu sur les maisons fortifiées voisines d'une éminence où se trouve une vieille bastille romaine. Nos projectiles causaient beaucoup de dommage au milieu de ces constructions; mais la fusillade que dirigeait sur nous l'ennemi nous empêchait de faire des progrès sérieux. Cependant les bâtiments d'Azcorbe furent pris, ainsi que quelques autres. L'ennemi prolongeait sa défense avec obstination, se portant d'un point à un autre sans craindre d'abandonner ses malades et ses blessés. Enfin, nos batteries furent avancées successivement jusqu'à une portée de pistolet, et, quand la nuit tomba, nous nous étions emparés de toutes les constructions fortifiées, à l'exception de l'hôpital, dernier refuge des assiégés. Le colonel D. Juan O'Donnell, à la tête d'un bataillon navarrais, attaqua cet édifice avec vigueur, et s'empara des cours et des ouvrages extérieurs de défense ; toutefois, il fut repoussé ensuite par la quantité considérable de grenades à la main qu'on lui lançait. Il faisait déjà nuit close, et le feu ne diminuait ni d'un côté ni d'un autre, quand Zumalacárregui, impatient de mettre un terme à une défense aussi obstinée, fit amonceler autour de l'édifice, qui était isolé, une quantité énorme de combustibles de toute espèce (cruel expédient, employé seulement dans les guerres de la Péninsule !)

Il s'éleva alors un ouragan violent accompagné d'une de ces pluies abondantes que l'on voit si fréquemment dans ce pays. La nuit était fort obscure, et la réunion de ces circonstances permit à la garnison de s'échapper à deux heures du matin sans être aperçue. L'obscurité et le mauvais temps furent tels que les carlistes ne connurent l'évasion qu'au bout de trois heures. On détacha notre cavalerie en poursuite, et on réussit à prendre quelques hommes, dont un lieutenant-colonel et un lieutenant. Quant aux autres, au nombre de quatre cents, ils réussirent à s'échapper

Deux cent cinquante malades ou blessés avaient été abandonnés, avec une quantité considérable de bagages, d'uniformes du régiment de Soria, deux cents paires de pantalons neufs, six cents fusils, douze caissons de cartouches et une provision importante de vin et de comestibles. Les malades et les blessés, parmi lesquels se trouvaient un colonel et six officiers, ne conservèrent pas seulement la vie, mais on leur offrit des secours, quoiqu'au même moment Mina eût ordonné de massacrer, au val de Bastan, tous nos blessés prisonniers.

Le lendemain, D. Carlos avec sa suite entra à los Arcos et, accompagné de Zumalacárregui, il voulut visiter lui-même les blessés. On dit que cette entrevue fut très-émouvante, et que l'austère général carliste lui-même sentit une larme, lorsqu'il entendit l'un des blessés s'écrier : « Où donc est le » féroce Zumalacárregui ? » — « C'est moi qui suis

» le féroce Zumalacárregui », répondit-il, et se tournant vers le prince, il continua en disant : « Que » V. M. voie comme nos ennemis nous calomnient. » V. M. sait fort bien que, quand j'ai exécuté des » actes de sévérité, cela a toujours été contraire- » ment à mes penchants, et parce que j'étais obligé » de suivre de funestes exemples. Souvent, chaque » fois que les circonstances le permettaient, j'ai » imploré la clémence de V. M en faveur des vic- » times. Pourtant c'est ce caractère cruel que l'on » me reproche dans toute l'Espagne ». D. Carlos et Zumalacárregui firent distribuer quelque argent à ces infortunés, et commandèrent qu'on leur donnât tous les soins dont ils avaient besoin.

Les carlistes n'eurent pas quarante hommes hors de combat à la prise de los Arcos.

# CHAPITRE V

Affaire de Lárraga. — Echec des carlistes. — Mouvements
de Mina. — Marches et dispositions de Zumalacárregui.
— Combat d'Elzaburu. — Pertes de Mina. — Siége
d'Echarri-Aranaz. — Mina. — Résistance héroïque des
assiégés. — Reddition de la place. — Conduite de Zumalácarregui envers la garnison.


Le 9 mars nous subîmes un échec près de Lárraga. Un corps ennemi de quatre mille hommes
fut subitement attaqué par Zumalacárregui avec
toute sa cavalerie et dix bataillons. Le commandant
ennemi, Carrera, ne se doutait nullement de notre
approche ; le terrain, quoique en plaine, était coupé
d'accidents dans lesquels il était facile de nous
cacher, et nous eussions pu par suite attirer l'ennemi facilement à nous en l'éloignant du pont de
l'Arga, qui est voisin de Lárraga et lui offrant,
en cas de défaite, une ligne de retraite assurée.
Malheureusement les carlistes se déployèrent beaucoup trop tôt, et l'ennemi, surpris au moment où
il nous croyait à plusieurs lieues, prit aussitôt position dans les olivettes et derrière les murs voisins
de ce pont, ainsi que de l'autre côté, au pied de
l'éminence que domine Lárraga. Cependant Zumalacárregui ne voulut pas se retirer après avoir
dévoilé son plan, et il songea à forcer le passage du pont. Mais l'ennemi, garanti par ses
murailles et favorisé par le terrain, repoussa tous
nos efforts par un feu très-vif et très-sûr. C'est en
vain que le général se plaça lui-même à la tête du
pont. Quatre officiers de son état major restèrent
étendus sur la place et, à l'arrivée de la nuit, voyant
qu'il n'y avait plus rien à espérer, il se retira sur
Cirauqui et Mañeru.

Nos pertes dans ce combat dépassèrent quatre cents hommes morts ou blessés, et celles de l'ennemi, autant que nous pûmes en être informés, n'allèrent pas au delà de cent hommes en tout. Nous perdîmes là un capitaine français qui avait servi avec Bourmont en Portugal, appelé Rafechal. Le colonel Bargas, secrétaire du général, y perdit une jambe.

Le général prévoyait fort bien que, quand Mina saurait qu'il restait à observer la rivière avec la plus grande partie de ses forces, il se dirigerait sans obstacle sur le Bastan où Ocaña, bien pourvu de vivres, se trouvait avec sa division cantonnée à Elizondo et s'attendait à être bloqué par Sagastibelza. Par suite, il se rendit sans désemparer à val de Ollo, avec quatre bataillons et un escadron. Ce même matin du 11, Mina et Oráa sortirent de Pampelune avec quatre mille cinq cents hommes. A l'approche d'Elzaburu (1), le dernier village que l'on rencontre avant de pénétrer dans la vallée d'Ulzama, le chemin se prolonge pendant plus de trois lieues au milieu de bois et de montagnes : c'est là qu'ils furent attaqués par le sixième bataillon de Navarre, posté dans les fourrés d'Oroquieta, et, comme le jour baissait, ils s'arrêtèrent dans ce village, mais furent inquiétés, à partir de la chute du jour, par le bataillon en question, ainsi que par le quatrième de la même province.

Nous passâmes la nuit à Harregui (2) Zumalacárregui, comme je l'ai dit, avait avec lui les troisième, quatrième, sixième et dixième bataillons de Navarre ; en outre, le premier de cette province, et les sixième et septième de Guipuzcoa, qui étaient

(1) En basque : *Tête de pot*.
(2) En basque : *Champ de bruyère*.

alors éloignés, mais avaient reçu l'ordre de se porter de façon à couper l'ennemi par le port de Doña
Maria, s'il continuait à avancer dans cette direction. S'il revenait sur Pampelune, cinq autres
bataillons devaient l'attaquer de ce côté. Enfin trois
bataillons encore s'avançaient à marches forcées
pour opérer leur jonction avant la nuit. Mina
cependant eut cette bonne fortune, qu'à cause du
mauvais état des chemins, ce renfort n'arriva pas à
temps. Zumalacárregui avait oublié que ses divisions ne marchaient pas toutes aussi vite que celle
qu'il conduisait lui-même, et que, malgré leur zèle
et leurs efforts, des chefs de colonne ne pouvaient pas
toujours exécuter ses ordres avec la promptitude
qu'il exigeait. Zumalacárregui avait l'habitude de
fixer à la troupe qui l'accompagnait un temps déterminé pour parcourir une distance fixée, et son ascendant était tel, qu'il obtenait des siens tout le résultat
que l'on pouvait espérer dans la limite des forces
humaines.

Le lendemain, le terrible Mina devait avoir sa
rencontre, digne de toute attention et de tout
intérêt, et le fameux chef des carlistes, bien que
les forces de son adversaire fussent supérieures,
se disposait à en venir aux mains avec lui dans une
de ces plaines spacieuses que la nature semble avoir préparées pour des scènes de combat.
L'épreuve était absolument nouvelle pour ces
deux généraux qui, l'un comme l'autre, avaient fait
leur réputation par la guerre de montagnes. Mina,
reconnaissant le danger qu'offrait pour lui le terrain, sembla hésiter en présence du terrible Gui-
puzcoan, et ce fut ce dernier qui commença l'attaque, avec une extrême vigueur, sur le flanc gauche
de l'ennemi. Ses troupes étaient échelonnées depuis
Ilaguerri jusqu'à la montagne de Larramear, au
sommet de laquelle il avait placé sa réserve. Les

mouvements étaient rendus fort difficiles par la
présence de deux pieds de neige sur le sol. Mina
fit des efforts désespérés pour s'emparer des hauteurs à sa gauche, et, s'il y avait réussi, il eût pu
aisément opérer sa retraite sans grandes pertes.
Déjà l'ennemi avait réussi à repousser nos tirailleurs et à les mettre en déroute, lorsque le général
carliste, voyant cela, et cédant tout à coup à un
noble mouvement d'impétuosité, se précipita à
bride abattue, laissant derrière lui tout son état-
major, et vint, le sabre à la main, se placer en tète
de ceux qui fuyaient. Ses paroles produisirent un
effet électrique sur les nôtres qui, faisant demi-tour
avec furie, repoussèrent l'ennemi. Alors apparurent
sur les derrières des cristinos les bataillons destinés à couper leur retraite sur Pampelune, et un
escadron de cavalerie de la reine fut anéanti par
leurs feux. La confusion fut, à un moment donné,
si grande dans les rangs ennemis, que Mina faillit
se faire prendre, et il l'eût été infailliblement si
nous n'avions été arrêtés par un cours d'eau aux
bords très-escarpés. Sa litière, ses équipages de
campagne, et même deux ânesses laitières qu'il
emmenait avec lui, tombèrent en notre pouvoir. Ce
n'est que grâce à des efforts inouïs que Mina et
Oráa purent organiser leur retraite, et il n'est que
juste de reconnaître que l'un et l'autre, dans ces
conjonctures difficiles, firent preuve d'une prudence, d'un calme et d'une habileté absolument
remarquables. Zumalacárregui continua sa poursuite
d'une façon ininterrompue, avec le dixième, le
deuxième et le sixième bataillons. L'ennemi perdit
un grand nombre d'hommes qui, obligés de sortir
de la route, s'égarèrent au milieu de la neige, et
périrent cette nuit-là de faim et de froid. Il était
déjà fort tard quand il put enfin se réfugier à Gaz-
tetu ; heureusement pour lui, une partie des batail-

lons envoyés pour mettre obstacle à sa retraite
avaient perdu leur chemin. Il emmenait plus de
deux cents blessés, après avoir abandonné trois
cents hommes sur le terrain. Les cadavres de ses
soldats et les ruisseaux de sang qui rougissaient
la neige marquaient son passage. Quant à nous, nous
perdîmes environ cent vingt morts et un peu plus
de blessés. Mina se replia dans le Bastan, dans un
tel état qu'il ne put pas poursuivre la campagne de
longtemps et, de son côté, Zumalacárregui s'en
alla, par la Borunda, mettre le siége devant Echarri-
Aranaz.

Le 14 mars, après avoir fait couper sur ses derrières les ponts d'Arbizu et d'Irurdiaga, Zumalacárregui franchit l'Araquil avec un corps considérable et entra dans la vallée du même nom, si bien
qu'à une heure après midi nous étions en position
en avant d'Echarri-Aranaz. Notre artillerie de siége
se composait uniquement d'un mortier de sept pouces et d'une vieille pièce de 18 que les soldats appelaient le *Grand-Père*. Cette pièce fut pointée dans la
direction de la rue principale, et aussitôt elle se
mit à envoyer des projectiles contre une antique
auberge entourée de réduits.

Zumalacárregui savait fort bien qu'avec un seul
canon il était incapable de faire une brèche praticable, mais son but était d'inquiéter les assiégés jusqu'à ce que la mine qu'il avait ordonné de faire fût
prête. Le mortier pouvait être plus utile, puisque
les cristinós, ne croyant pas avoir à se défendre
d'autre chose que d'un coup de main ou d'un siége
fait avec des pièces de campagne, n'avaient pas
songé qu'un jour les rebelles pourraient avoir des
bombes à leur service ; aussi, en construisant leurs
ouvrages, n'avaient-ils établi aucune casemate.
Cette négligence avait été commise dans toutes
leurs fortifications. C'est pour ce motif que le géné-

ral donna tant d'importance à l'usage de son mortier, l'un de ceux fabriqués par Reina, et que, pendant les quatre jours du siége, il lui fit lancer trois
cents bombes de sept pouces.

Le *Grand-Père* causa aussi quelque dommage ; il
enfonça un tambour (1) et démonta une pièce ennemie ; mais il éclata plus tard et tua un de nos artilleurs, les plus mauvais et les moins habiles de nos
soldats. Nos bombes aussi étaient imparfaites et
nos fusées mauvaises : beaucoup d'entre elles écla-
tèrent en sortant du mortier et tuèrent plusieurs
de nos canonniers. L'ennemi, après avoir abandonné
le bourg, se replia dans le fort et mit le feu à neuf
ou dix des maisons qu'il avait occupées auparavant.

Pendant le siége j'étais cantonné à Arbizu, localité éloignée d'un peu plus d'un quart de lieue de
la place, et j'allais plusieurs fois par jour voir le
progrès des opérations. Les paysans arrivaient
aussi de plusieurs lieues à la ronde, pour assister à
la destruction de ceux qu'ils appelaient leurs tyrans,
et ils poussaient des cris de joie lorsqu'ils voyaient
une bombe tomber dans une maison. Chaque fois
que je passais près d'eux, ils m'adressaient un
déluge de demandes, manifestant ainsi leur impatience de voir l'heureux résultat de l'entreprise. La
garnison d'Echarri-Aranaz, croyant que Mina vien-
drait à son secours de Pampelune, montrait peu de
dispositions à se rendre et, en attendant, nous fai-
sions avancer la mine dans le plus grand mystère,
sous la direction d'un officier français appelé Lacour,
homme fort intelligent. Zumalacárregui lui-même
dirigeait, la majeure partie du temps, le feu du
mortier, et il observait avec le plus grand intérêt
non-seulement la direction des projectiles, mais

(1) Terme de fortification : *muraille avancée.*

encore la façon dont il convient de se servir de ces sortes de pièces. Reina était resté à l'endroit où il faisait ordinairement ses fontes, et nous n'avions avec nous qu'un seul officier d'artillerie. C'était en vain que le brigadier Montenegro faisait observer au général combien il était inutile qu'il s'exposât à recevoir un éclat de nos propres bombes. A un moment donné, nous étions plus de vingt officiers autour de lui, quand un de ces projectiles éclata à trois pas de la bouche du mortier, blessa mortellement un des canonniers et emporta la tête d'un autre. Zumalacárregui ne bougea pas et dit : « Les mauvais canonniers que nous avons ! » Ces paroles faisaient allusion à ceux qui avaient fait les bombes. Les rues principales et les places du bourg étaient entièrement dominées par le feu de l'infanterie et la mitraille du fort. Nos soldats s'amusaient à présenter vivement la tête aux fenêtres des maisons et aux coins de rues, et à tromper ainsi l'ennemi qui, aussitôt, tournait son feu vers ces points. Une pièce de 8, qu'on nous amena le second jour du siége, fut placée à vingt pas du fossé du fort ; mais l'ennemi dirigea sur elle un tel feu de fusillade et de mitraille qu'il ne fut pas possible de la décharger plus de cinq fois en cet endroit. Une mine était conduite jusqu'au-dessous du fossé et une autre au-dessous de la partie opposée du fort. La première était déjà prête, lorsque l'ennemi la découvrit et pratiqua une contre-mine avec la plus grande activité. Le Français Lacour venait de placer deux barils de poudre et disposait le saucisson, lorsque lui et ses mineurs entendirent le bruit que faisaient les cristinós dans la contre-mine. Quoiqu'il ne crût pas que celle-ci pût avoir beaucoup de résultat, il pensa néanmoins qu'il y avait plus d'urgence que jamais à achever son œuvre. A ce moment une certaine quantité de terre tomba sur la tête des siens, et ils virent une bougie allumée, attachée à une corde, qui descendait par une ouverture pratiquée entre la mine et la contre-mine, et arrivait perpendiculairement sur un amas de poudre qui se trouvait à découvert sur le sol. On ne comprend pas comment l'ennemi a pu commettre une pareille imprudence. Une seule étincelle eût suffi pour anéantir tout le monde, amis et ennemis, et la simple précaution de prendre une lanterne eût évité un péril aussi grave. Lacour saisit rapidement la bougie et l'éteignit avec ses doigts ; lui et les siens se mirent ensuite promptement à l'abri, car ils entendaient les voix des cristinós et craignaient qu'ils ne missent le feu à la mine par l'ouverture, pour les faire sauter. En les voyant sortir aussi précipitamment, le général Iturralde, qui se trouvait dans la maison par où l'on avait ouvert la mine, dit à Lacour, tout en colère, qu'il était surpris de le voir au milieu de ceux qui prenaient la fuite. « Général, répondit le vétéran, je n'ai pas » peur de mourir, mais je ne veux pas qu'on me » tue et qu'on m'enterre en même temps ».

Peu après Lacour revint et acheva de disposer son saucisson, calculant, avec raison, que l'ennemi avait dû se retirer en voyant que sa contre-mine était arrivée jusqu'à la mine, et que dès lors l'effet de cette dernière serait beaucoup moindre. Elle éclata à deux heures du soir, faisant sauter une palissade, un grand pan de mur, trois maisons, et comblant une partie du fossé. Dès lors la brèche était praticable pour l'assaut, à la condition de perdre un peu de monde ; mais comme l'autre mine devait être achevée peu d'heures après, le général résolut d'attendre encore. Le lendemain, à six heures, le saucisson était prêt et en place ; mais avant d'y mettre le feu on envoya aux assiégés un officier en parlementaire, afin de leur déclarer que, s'ils ne se rendaient pas à discrétion au bout de dix minutes, une autre mine éclaterait et que, du reste, tous les bataillons étaient prêts pour donner l'assaut.

Le commandant, ancien officier navarrais, voyant qu'il n'avait point d'autre ressource, demanda à capituler. On lui répondit qu'il n'avait rien à faire que de se rendre sans conditions. Quand nos troupes surent qu'on avait envoyé un parlementaire, elles se mirent à crier en demandant l'assaut immédiat, sans quartier pour les cristinós. Quand même on l'aurait voulu, il eût fallu beaucoup d'efforts de la part des officiers pour empêcher cet élan.

Huit hommes de la garnison, traversant les ruines de la brèche, vinrent à nous, mais deux d'entre eux tombèrent morts sous les balles de leurs camarades. Ils nous racontèrent l'extrémité où la garnison était réduite, mais ajoutèrent qu'elle eût cependant tenu davantage, si elle n'avait été épouvantée par la perte de quarante hommes que lui avait coûtée l'explosion de la deuxième mine et par les cris de mort de nos troupes. Peu d'instants après, vingt autres soldats s'échappèrent par une autre partie du fort et vinrent se rendre avant que le gouverneur eût fait parvenir sa réponse. Enfin, la débandade des cristinós devint générale et, ne pouvant faire autrement, le fort se rendit. Le second bataillon navarrais en prit possession et reçut les armes de la garnison qui, composée de quatre cent trente-huit hommes, officiers supérieurs, officiers et soldats, fut formée sur la place, entre les baïonnettes, à sept heures du matin.

Je fus un des premiers à parcourir les ruines des fortifications, et ce qui s'offrit le plus à ma vue, furent des décombres et des cadavres mutilés. Le toit du fort était presque entièrement démoli, de telle sorte que, la pluie étant tombée pendant deux jours

7

de suite, presque tous les hommes de la garnison étaient percés jusqu'aux os et que leurs fusils étaient mouillés. Le magasin à poudre était bien approvisionné, et les bombes n'y avaient causé aucun dommage.

Les prisonniers, pleins d'inquiétude, étaient anxieux de savoir quelle détermination le général carliste prendrait à leur égard, et lui-même, contrairement à son habitude, resta plusieurs heures irrésolu et ne sachant à quoi se décider. Satisfait de se voir avec de l'artillerie, avec une armée renforcée, il consentit enfin à accorder aux prisonniers, non-seulement la vie, mais encore l'autorisation de s'en aller où ils voudraient.

A peine cette résolution si clémente fut-elle communiquée à ces malheureux, qu'ils rompirent les rangs pleins de joie ; dans l'excès de leur bonheur, ils embrassaient nos soldats comme s'ils n'avaient jamais été ennemis, et ceux-ci, qui peu d'heures auparavant poussaient des cris pour les exterminer, traversaient maintenant les rangs de la garde pour partager leurs rations avec eux.

La plupart des hommes de troupe demandèrent des armes pour embrasser la cause de D. Carlos. Les officiers supérieurs et les officiers restèrent libres de s'en aller à leur guise. Zumalacárregui les invita à dîner. Ils appartenaient tous au régiment provincial de Valladolid.

Le commandant Mesquinez, gouverneur, me parla couramment français. Il était de Pampelune et parent éloigné de Mina. Le général permit à tous de conserver leurs équipages et accéda à leur demande d'être dirigés sur Pampelune. Il donna au gouverneur une attestation, écrite tout entière de sa main, pour certifier la valeureuse défense qu'il avait faite du fort d'Echarri-Aranaz (1), et après dîner il les renvoya tous sous l'escorte de la guérilla d'Echarri. Lorsqu'ils approchèrent de Pampelune, un détachement de lanciers sortit de la place, et, sans s'arrêter aux observations de Mesquinez et des autres officiers, ils attaquèrent l'escorte, tuèrent un volontaire, blessèrent le capitaine et emmenèrent toute la troupe à Pampelune, où elle resta prisonnière jusqu'à ce que, plus tard, le général Valdès la remit en liberté, sur les vives instances de lord Elliot.

Nous trouvâmes dans le fort d'Echarri-Aranaz un canon de huit et deux de six, et une grande quantité de vivres et de munitions de toute sorte, et nous marchâmes aussitôt après à l'attaque du fort d'Olozagoita, peu distant de là, sur le chemin de Pampelune à Vitoria. La place fut vigoureusement défendue, mais nos efforts continuels la mirent

---

(1) L'attestation était conçue en ces termes :
D. Thomas Zumalacárregui, chevalier grand'croix de l'Ordre royal et militaire de Saint-Ferdinand, lieutenant-général des armées royales, général en chef de l'armée royale de Navarre et chef d'état-major général, certifie loyalement que D. Joaquin Mesquinez, commandant dans les troupes rebelles et gouverneur du fort d'Echarri-Aranaz, s'est défendu avec les plus grands efforts, ainsi que la garnison composée de quatre compagnies du régiment provincial de Valladolid et une d'artillerie, depuis le 14 courant jusqu'à ce jour, sans que leur défense eût été arrêtée ni par les trois cents bombes et deux cents coups de canon que le fort a reçus, ni par la brèche considérable qu'avait causée l'explosion d'une mine. D. Joaquin Mesquinez, les officiers et les soldats de la garnison se sont comportés en vaillants militaires et n'ont rendu le fort qu'après qu'il eût été détruit. J'ai jugé à propos de donner cette attestation pour le courage et l'habileté qui ont été déployés dans la défense et ce, dans mon quartier-général d'Echarri-Aranaz, le 19 mars 1835. THOMAS ZUMALACARREGUI. — NOTE DE L'ABRÉVIATEUR ESPAGNOL.

dans un tel état que Mina, sortant enfin de sa tor-
peur, arriva pour nous faire lever le siége, avec
toutes les troupes qu'il put réunir, et donna ordre
à la garnison d'évacuer le fort après qu'il en eut
fait détruire les remparts.

La prise d'Echarri-Aranaz par les carlistes fut
cause de la disgrâce de Mina et mit un terme aux
espérances qu'avait fait concevoir sa réputation.

# CHAPITRE VI

Etat des troupes carlistes. — Bataillon des guides de Navarre.
— D. Carlos O'Donnell. — Il prend le commandement
de la cavalerie carliste. — Défi envoyé par lui au brigadier
Lopez. — Valdès, général en chef de l'armée du Nord
pour la seconde fois. — Ses idées sur la guerre. — Ses
premiers mouvements. — Il concentre ses forces. — Il
envahit les Amezcuas. — Il repousse les carlistes. — Situation lamentable des cristinós. — Leur retraite désastreuse.

A cette époque, les troupes carlistes offraient un
aspect bien différent de celui qu'elles avaient eu
peu de mois auparavant, et ce ramassis d'hommes
assemblés au hasard était devenu une réunion de
corps de troupes légères parfaitement organisées.
Entre tous se signalait, pour le choix de ses hommes
et pour l'ensemble, pouvant servir même de modèle, le bataillon des guides de Navarre. Ce bataillon, qui avait le privilége d'accompagner toujours
le général en chef, de choisir son habillement et
de se loger le premier, passait parmi les carlistes
pour une sorte de garde royale. On l'appelait bataillon des guides, non précisément à cause de la connaissance spéciale qu'aurait eue du pays chacun de
ses soldats, mais parce qu'il occupait toujours le poste
le plus avancé, dans les marches et dans les combats;
sa valeur l'avait toujours rendu digne d'une semblable distinction. L'entrée d'un soldat et même
d'un officier dans ce bataillon était considérée
comme une récompense. Sa force, quand il fut créé,
était de six cents hommes ; il fut plus tard porté à
mille.

Il avait été si souvent au danger et si souvent sacrifié par Zumalacárregui, qu'il eut plus de

seize cents hommes tués ou estropiés depuis sa première formation jusqu'à la mort de ce général. Son uniforme se distinguait de celui des autres bataillons : il portait la capote grise avec les parements jaunes, le pantalon et le béret incarnat.

Chacune des provinces basques avait son bataillon de guides, mais aucun d'eux n'avait la réputation de celui de Navarre. Ce dernier se composait principalement d'hommes qui avaient servi auparavant, et il se faisait remarquer dans toute l'armée par sa discipline. Il faisait brigade avec le troisième bataillon de Navarre, appelé du *Requeté* à cause de la chanson militaire qui lui était le plus habituelle. Ces deux corps étaient les plus solides. Le sixième bataillon de Navarre était aussi l'un de ceux que le général préférait.

Au commencement de la guerre les soldats de ces trois bataillons étaient les seuls qui touchassent un prêt ; les autres n'avaient que les vêtements et la ration ; mais depuis, la situation s'étant améliorée, on leur donna à tous un réal (1) de billon par jour sans décompte. Les officiers ne touchaient que le tiers de leur solde ; l'arriéré devait leur être payé à la fin de la guerre Après un combat l'on distribuait toujours, aux hommes de troupe qui s'étaient le plus distingués, des primes ou bien des pensions viagères d'un réal par jour ; un même soldat pouvait obtenir plusieurs fois ce genre de récompense, de sorte que beaucoup de guides de Navarre en avaient trois ou quatre.

Le colonel D. Carlos O'Donnell avait pris du service parmi nous depuis le mois de janvier. Il avait été arrêté et traduit en justice à Paris pour avoir voyagé avec un passeport supposé ; mais, après

(1) Environ cinq sols.

avoir présenté lui-même sa défense, il avait été
acquitté. Zumalacárregui lui donna le commandement de la cavalerie et, peu de temps après, son
frère Jean, avec plusieurs officiers de la cavalerie
de la garde royale et d'autres des gardes du corps,
vinrent aussi nous rejoindre.

D. Carlos O'Donnell était parfaitement au courant de la tactique et du service de son arme. Il
eut à lutter contre l'envie et l'inimitié d'un grand
nombre d'officiers de cavalerie qui n'avaient dû
leur avancement qu'aux événements de la guerre
ou à une réputation usurpée de courage. J'en ai
vu plusieurs de ceux-là blesser et tuer des ennemis
sans défense, ne donner jamais de quartier, et montrer ensuite triomphalement leurs sabres teints de
sang, pour se faire appeler vaillants par des hommes qui n'avaient pas vu comment leurs armes
avaient été rougies. Beaucoup aussi, surtout ceux
qui s'étaient formés à l'école de Mina et qui avaient
plus tard servi dans l'armée de la Foi, ne savaient
pas distinguer le courage de la barbarie, circonstance malheureusement beaucoup trop commune
chez les héros de guérillas. Tous ceux-là ne pouvaient dissimuler leur jalousie à O'Donnell ni aux
autres officiers de l'armée régulière à qui, pour
leur instruction plus complète, on avait confié le
commandement dans les exercices et les manœuvres. Il le fallait bien cependant, puisque les autres
les ignoraient absolument.

A cette époque aucune action sérieuse n'eut lieu,
et l'armée put prendre quelque repos. O'Donnell en
profita pour organiser sa cavalerie. Un jour, avec
le consentement de Zumalacárregui, et par l'intermédiaire d'une femme qui avait des relations inti-
mes avec le brigadier Lopez, dont nous avons déjà
parlé plusieurs fois, il envoya à ce dernier un défi,
disant que, puisque depuis aussi longtemps ni les

uns ni les autres n'avaient eu l'occasion de cueillir
des lauriers, il lui semblait qu'il n'y eût aucun
inconvénient à faire revivre une ancienne coutume
chevaleresque : qu'il l'invitait à désigner un endroit
propre au combat, où chacun d'eux se rendrait
avec un nombre déterminé de cavaliers, avec enga-
gement d'honneur de n'exercer aucune trahison, ni
de tolérer d'autres témoins que les combattants ;
que, quant à lui, il se présenterait avec quatre cents
de ses lanciers, et qu'il lui proposait de venir au
rendez-vous avec un nombre égal de cavaliers choisis. Lopez répondit que rien ne lui serait plus agréable que d'accepter ce défi, si son général lui en
donnait la permission, mais que ce serait à la condition expresse de venir au champ du combat avec
cent hommes de moins que l'adversaire, car telle
était, disait-il, la confiance qu'il avait dans le courage et les mérites de la cavalerie d'Isabelle II.
O'Donnell répondit à Lopez que les conditions
devaient être égales des deux côtés, mais que, s'il
le préférait, il irait le chercher avec cent cavaliers
contre un nombre égal, ou avec soixante officiers
carlistes contre autant d'officiers cristinos, lui laissant le choix de l'heure et du lieu, avec un délai de
quinze jours. Il ajoutait que, s'il refusait son offre,
rien ne saurait l'empêcher de le poursuivre à
outrance, et de se mesurer avec lui à l'épée, la
lance ou à telle arme qu'il choisirait, attendu qu'il
se considérait comme offensé par la proposition de
combattre avec un nombre inférieur de champions.
Certes, ce combat chevaleresque et digne du moyen
âge eût été fort intéressant, car Lopez et O'Donnell
étaient tous deux fort adroits à l'arme blanche. On
crut pendant quelques jours que la proposition, si
attrayante pour des hommes courageux, serait
acceptée par Lopez, mais O'Donnell ne reçut aucune
réponse. On a su depuis que le vice-roi de Navarre

n'avait pas voulu donner son assentiment, préférant laisser croire aux siens que les carlistes n'étaient qu'un ramassis de paysans féroces et fanatiques, et craignant en même temps que l'honneur d'un défi aussi glorieux n'advînt à ses adversaires. On apprit enfin que Lopez avait été sévèrement réprimandé pour avoir répondu au premier cartel.

Valdès vint, pour la seconde fois, prendre le commandement de l'armée du Nord, se promettant de pacifier promptement les provinces. On prétend qu'à son arrivée il avait écrit au maréchal Harispe pour l'inviter à se préparer à désarmer les carlistes quand il les obligerait à passer en France. Zumalacárregui attendit avec le plus grand calme le résultat des opérations de son nouvel adversaire, et, sans rien changer à ses dispositions, il laissa la moitié de ses troupes pour observer le Bastan et les postes fortifiés de l'ennemi et continua la camgne avec le reste. Le plan de Valdès était de réunir une armée si considérable que les carlistes ne pussent faire front d'aucun côté, et de les obliger ainsi à se réfugier dans la partie la plus âpre du pays, d'où il les arracherait ensuite en balayant les Amezcuas et la Sierra de Andia. (1)

Il pensait que, quand même la possession du pays le plus montagneux lui serait disputée, il finirait de toute manière par s'en emparer, et que les carlistes une fois chassés de là, il les poursuivrait sans relâche jusqu'à ce qu'ils fussent entièrement dispersés. Il blâmait chez ses prédécesseurs la faute de ne pas avoir concentré leurs forces, les accusant d'avoir été maintes fois ou battus, ou mis dans l'impossibilité de profiter de leurs succès, pour n'avoir pas eu sous la main suffisamment de troupes.

(1) En basque : *grand.*

Lors de son premier commandement Valdès s'était fait remarquer par son humanité, et quoique, à son passage par les Amezcuas, il eût fait incendier l'hôpital carliste de Contrasta, brûler toutes les récoltes qu'il avait rencontrées, fusiller plusieurs paysans et détruire leurs troupeaux, il avait cependant fait conduire en lieu sûr, et avec toutes les précautions possibles, les nombreux blessés carlistes qu'il avait trouvés et avait donné à chacun d'eux un douro (1) de sa propre bourse.

Le nouveau vice-roi commença ses opérations par pénétrer avec neuf mille hommes jusqu'à Eulate, où il incendia une petite poudrière. Puis, considérant sa situation comme peu sûre, puisqu'il avait appris que Zumalacárregui approchait, il se retira. Il marcha sur Vitoria dans le but de réunir toutes les forces disponibles qu'il trouverait dispersées dans les provinces basques. Il rassembla ainsi trente bataillons, y compris les divisions de Córdoba et d'Aldama, qui passèrent la nuit du 18 à camper à Contrasta, et résolut de pénétrer dans la vallée de la haute Amezcua, en s'emparant des hauteurs et des défilés. Il avait vingt mille hommes avec lui.

A son arrivée, les habitants, épouvantés par les excès antérieurement commis par les troupes de Valdès, avaient abandonné leurs demeures, emmenant dans les bois leurs troupeaux, leurs bêtes de labour, leurs volailles et jusqu'aux meubles qu'ils avaient pu charger. Valdès campa avec son armée la nuit du 22 avril à Contrasta et dans ses environs Zumalacárregui passa la nuit avec dix bataillons et deux cents chevaux à Aranache (2), à un quart

---

(1) Cinq francs.

(2) En basque : *maison*.

de lieue de l'ennemi, et reçut le matin un renfort de quatre bataillons. Le matin du 23, les forces de Valdès commencèrent à pénétrer dans la vallée, mais lentement, parce que nous nous retirions à leur vue et qu'elles étaient inquiétées par le feu d'un demi-bataillon de guides déployé en tirailleurs. A midi, Zumalacárregui attaqua Valdès avec trois bataillons, près de San Martin, et cette attaque put montrer à Valdès quel était l'enthousiasme des carlistes. De paysans sauvages qu'ils étaient quand il avait commandé pour la première fois contre eux, ils étaient devenus maintenant de véritables soldats, manœuvrant avec une régularité pareille à celle des troupes de sa propre armée. Il reconnut alors qu'il s'était trompé en espérant vaincre sans faire de grandes pertes. La nuit approchait, et, soit qu'il craignît d'être attaqué pendant l'obscurité dans des villages abandonnés, soit qu'il voulût continuer sa marche par les hauteurs pour n'être pas dominé, il monta sur la montagne et établit son camp dans les pâturages qui entourent l'auberge d'Urbara (1). Son arrière-garde fut poursuivie par Zumalacárregui jusqu'à la tombée de la nuit. Les carlistes s'emparèrent de quelques charges de vivres de l'ennemi, et s'établirent ensuite dans les villages abandonnés de Zudain, Gollano, Artaza et San Martin.

Dans la matinée du 24, l'ennemi poursuivit sa retraite, brûlant et détruisant les cabanes des bergers, fort incommodé d'ailleurs par le défaut de vivres et la mauvaise nuit qu'il lui avait fallu passer. Zumalacárregui, pensant qu'il se replierait sur Estella par la route la plus directe, se plaça, avec la majeure partie de ses forces, entre cette

(1) En basque : *Eau stagnante.*

ville et l'ennemi, dont il attaqua lui-même l'aile droite avec quatre bataillons. Valdès, convaincu que s'il restait dans la montagne ses troupes périraient de faim, et croyant avoir en face toutes les forces réunies des carlistes, résolut de ne pas s'arrêter, malgré nos attaques ininterrompues. On faisait halte un moment, et l'on détachait un peu de monde pour refouler nos tirailleurs ; ceux-ci se retiraient alors, mais pour revenir à la charge avec plus d'audace quand l'ennemi reprenait sa marche, ce qui faisait que le nombre de ses troupes, au lieu de lui être utile, ne servait qu'à l'embarrasser. La confusion augmentait à mesure que l'on rencontrait des difficultés nouvelles, et tous les efforts de Valdès et des autres généraux étaient impuissants à rétablir l'ordre. Soit par l'effet d'une ruse, soit qu'il eût eu véritablement l'intention de changer de route, un gros considérable de l'armée ennemie fit un mouvement pour descendre, par le défilé de Gollano, vers un pré qui s'étend tout près de là sur les bords d'un ruisseau. Il y avait en cet endroit, à ce moment, cinq de nos bataillons et l'ennemi, voyant qu'il ne pourrait faire déboucher par cette gorge des forces suffisantes pour les déloger avant la nuit, s'en retourna pour continuer sa marche par les hauteurs.

Il s'arrêta enfin à la tombée du jour et établit son camp sur une montagne où il fut, jusqu'au matin, incommodé par le feu de nos partisans. Convaincu que la poursuite incessante, dont il est si facile de parler dans les salons de Madrid, était absolument impraticable dans un pays comme la Navarre, il se décida enfin à se retirer sur Estella ; cependant, il se trompait encore s'il croyait opérer sa retraite sans combattre, du moins en suivant la direction qu'il se proposait de prendre.

Il se mit donc en marche et, le lendemain, se

trouva tout près des carlistes qui attendaient, non
comme des partisans, mais formés en bataille
comme des troupes de ligne résolues à disputer le
passage. Ainsi que je l'ai dit déjà, l'ennemi avait
constamment opéré sa marche par les hauteurs,
pour ne pas être dominé, et, au moment où il arrivait sur Ortaza, il découvrit Zumalacárregui qui
l'attendait à l'entrée d'un défilé. Les hauteurs cou-
ronnées par les troupes de la reine reluisaient de
l'éclat des armes. L'ennemi n'avait d'autre moyen
de descente qu'un sentier étroit et raboteux prati-
qué à travers des rochers inaccessibles et énormes.
Sur une petite colline couverte d'arbres, à peu de
distance du défilé, étaient postés les guides et le
quatrième bataillon de Navarre ; ils étaient appuyés
par le sixième, et deux escadrons leur servaient
d'arrière-garde.

Deux pièces de montagne et deux obusiers
se mirent à faire feu sur les masses ennemies,
et les guides entretinrent pendant deux heures
consécutives une fusillade des plus vives contre
tout le front opposé ; cependant, ils durent céder à
l'attaque vigoureuse d'un bataillon ennemi et aller
se reformer à un millier de pas en arrière. Ils
furent remplacés par le quatrième navarrais. Environ deux cents cristinós, faisant un effort suprême,
réussirent à rompre cette troupe et à la mettre en
désordre. Les guides revinrent alors en avant et,
pleins de courage, forcèrent les cristinós à reculer
avec perte, les fusillant à brûle-pourpoint ; mais
ils durent eux-mêmes se replier encore, laissant le
terrain couvert de leurs morts, et le sixième bataillon de Navarre vint relever les guides dans ce poste
périlleux. Le sol était si plein de cadavres que les
cristinós étaient obligés de passer par-dessus pour
avancer. Trois cents hommes environ furent, le
lendemain, enterrés dans ce petit espace. L'ennemi

comptait parmi eux un grand nombre des siens : il perdit plus de blessés encore qui, pour la plupart furent emmenés à Estella ; quelques-uns cependant restèrent abandonnés.

Valdès continua à avancer. D. Paul Sanz, colonel du sixième bataillon de Navarre, le maintint courageusement en présence de l'ennemi, et déjà il réussissait à l'arrêter dans sa marche, quand il fut frappé d'une balle qui, lui rompant la mâchoire, alla se loger dans la partie inférieure de la tête. Son bataillon se dispersa aussitôt. Les cristinós se mirent immédiatement à sa poursuite et à celle du quatrième bataillon navarrais, arrivé pour le soutenir, et, malgré la vigoureuse résistance opposée par les guides, la confusion et la terreur des nôtres furent telles que notre cavalerie elle-même dut reculer. Je crus, quant à moi, que pas un de nous ne se tirerait de ce mauvais pas. Je vis alors des troupes de carlistes se précipiter à travers les broussailles, avec une agilité et une rapidité vraiment incroyables.

A trois cents pas environ du premier défilé, auprès duquel s'était livré ce combat opiniâtre, il y avait, depuis le sentier jusqu'au bord du ruisseau, un terrain à très-forte pente. C'est là que Zumalacárregui s'arrêta avec une partie du quatrième bataillon navarrais et le reste des guides. Plein de confiance et de sérénité, quoique échappé à peine à un aussi grand péril, et prêt à courir de nouveaux hasards, il s'empressa de se préoccuper du soin de ses troupes. Il était à pied et le sabre à la main. A l'exception des corps que je viens de nommer, et qui se trouvaient auprès de lui, tous les autres reçurent l'ordre de se retirer. Le chemin était si étroit et si difficile que beaucoup de chevaux trébuchaient et tombaient sur leurs cavaliers, qui les menaient par la bride, entravant par là la marche de l'infanterie et des blessés. Malgré les efforts de Zumalacárregui et de ceux qui protégeaient notre retraite, je craignais fort quelque désastre, car l'ennemi, après avoir triomphé du premier défilé, n'avait plus qu'à en forcer un seul ; le général cependant savait quelle importance il y avait à défendre ce passage pendant quelque temps, puisqu'il était dans le secret de ce qui devait arriver.

Quelques minutes après on entendit de fortes décharges de feux de salve. Les bataillons alavais attaquèrent avec vigueur les derrières de l'ennemi. C'était le signal qu'attendait Zumalacárregui, et alors, n'ayant plus rien à craindre, il enfila le sentier Arrivé dans la petite plaine au bord du ruisseau, il forma les siens en bataille. Un parti ennemi vint reconnaître la position que le général venait d'abandonner et avertit son propre général qu'un gros de carlistes attendait en pos tion à une petite distance. Valdès, qui avait beaucoup souffert à son flanc et à son arrière-garde, peu désireux d'entreprendre de nouveaux combats, prononça alors sa retraite sur Estella, par un chemin détourné et plus long. Zumalacárregui, l'infatigable, tenta de s'opposer à lui de nouveau, dans un autre passage resserré et difficile qui séparait encore l'ennemi d'Estella ; mais il était trop tard : l'avant-garde de Valdès s'en était déjà emparée. Il voulut l'emporter de vive force ; toutefois, le sixième bataillon de Navarre fut repoussé, et les autres étaient alors dépourvus de cartouches. Nos troupes continuèrent les hostilités contre les cristinós jusqu'à la tombée de la nuit, et quand ils arrivèrent à Estella, la confusion régnait absolument parmi eux. Ils avaient perdu leurs bagages, une quantité de shakos et d'armes, et nous avions recueilli environ trois mille de leurs fusils. Beaucoup de leurs officiers avaient été volés par leurs propres soldats. Affamés, couverts de boue, les

uns tête nue, les autres pieds nus, ils arrivèrent à
Estella. Le colonel ennemi Mendez Vigo, qui commandait une brigade, eut l'heureuse idée de se
diriger, avec plus de deux mille hommes, sur Abarzuza pour y passer la nuit. Comme il formait l'extrême arrière-garde, s'il n'avait pris cette prudente
résolution, il aurait perdu la moitié de son monde
et augmenté encore la confusion. Réfugié, au contraire, dans Abarzuza, il pouvait se défendre et être
secouru. Effectivement, au bout de dix jours, il
entra, lui aussi, à Estella.

Les troupes de la reine eurent pendant cette
opération plus de quatre cents morts, elles amenè-
rent à Estella plus de trois cents blessés, et en
laissèrent, en outre, un très-grand nombre abandonnés. Beaucoup de leurs hommes aussi se perdirent dans la montagne, et une grande partie d'entre
eux furent cruellement assassinés par les paysans.

Si Valdès était resté une nuit de plus à camper,
il aurait, peut-être sans tirer un coup de feu, été
obligé de se rendre avec tous les siens, tant ils
étaient affaiblis, réduits par le froid des montagnes,
et n'ayant pour vivre à peine que la demi-ration.
Une grande partie de ceux qui furent rencontrés
par des paysans étaient si abattus et si faibles que,
quoiqu'ayant des fusils, ils se laissèrent massacrer
à coups de pierres et de bâtons, sans opposer la
moindre résistance. Un jeune berger, montrant
son tricot tout sanglant, se vanta devant moi d'avoir
donné la mort à trois soldats égarés dans la montagne, et que la faim avait obligés à sortir de leur
cachette. Ce paysan était aussi fier de son exploit
que s'il eût tué trois loups dans la forêt, et il semblait s'étonner de l'horreur que m'inspirait son
récit. En comptant tous ceux qui furent tués d'une
manière quelconque, je ne crois pas exagérer en
disant que Valdès, pendant ces trois journées, perdit

huit cents morts, outre trois cents blessés et quatre-vingts prisonniers que les nôtres massacrèrent
impitoyablement.

Nous sûmes que, sur les premiers états dressés
dans les corps de son armée, il manquait cinq mille
hommes.

La nouvelle de pertes semblables remplit les cristinós de consternation. Cependant, il faut dire qu'ils
croyaient perdue aussi la brigade de Mendez Vigo,
laquelle existait encore, et que plus de cinq cents
hommes de différents corps rallièrent diverses garnisons.

L'échec de Valdès fut plus grave encore au point
de vue moral qu'au point de vue matériel. Les soldats de la reine disaient à haute voix à Estella
qu'ils croyaient que Zumalacárregui était un diable
à figure humaine. Quant aux carlistes, ils avaient
obtenu des résultats considérables, puisque, comme
je l'ai dit, ils ramassèrent plus de trois mille fusils,
et plus de trois cents chevaux et mulets. Leur
perte en hommes, fort inférieure d'ailleurs à celle
de l'ennemi, était ainsi largement compensée.

~~~~~~∿

8

# CHAPITRE VII

Repos et inaction forcée des carlistes. — Arrivée de lord
Elliot et du colonel Gurwood. — Leur mission. — Leurs
démarches et leur conduite. — Convention pour le respect de la vie des prisonniers et leur échange — Départ
de lord Elliot pour le quartier général de Valdès.

Nous nous reposâmes deux jours à Meñdaza et à
Asarta. Après la lutte et les fatigues des Amezcuas,
nous avions besoin de respirer. Valdès battu, après
avoir vu disparaître le prestige de sa nombreuse
armée, ne pouvait plus nous opposer que les murs
et les parapets de ses fortifications. Plusieurs
s'étonnèrent que Zumalacárregui n'eût pas réuni
toutes ses forces pour venir s'établir devant les
places de Lerin et d'Estella, où s'étaient enfermées
les armées de la reine ; tous ces hommes réunis
eussent bien vite consommé, disait-on, les provi-
sions destinées à deux faibles garnisons seulement,
et, obligés à combattre quand ils auraient été affaiblis et abattus, ils auraient eu vraisemblablement
le dessous ; le général carliste eut donc, par cette
opération, singulièrement avancé son entreprise.
Toutefois, pour justifier le chef carliste, il faut dire
que le défaut absolu de cartouches le réduisit,
pendant plusieurs jours, à une inaction involontaire.
Nos munitions étaient diminuées à ce point que, si
l'ennemi avait connu notre position et nous eût
alors attaqués, nous n'eussions même pas été en
mesure de nous défendre pendant une demi-heure.
Il fallait donc attendre que nos fabriques nous eussent envoyé un peu de poudre. Valdès, qui ignorait cela, dut s'étonner fort du répit que son adver-

saire lui donna dans une circonstance aussi critique.

Nous avions appris déjà l'arrivée au quartier général royal de lord Elliot, accompagné du colonel Gurwood. La veille au soir, le colonel Wylde avait soupé avec Zumalacárregui à Eulate, lorsqu'il allait à la rencontre de lord Elliot. De mon côté, j'avais reçu à Mirafuentes l'ordre de rejoindre le général, cantonné à Asarta avec quelques compagnies de guides, et je sus qu'il m'appelait à cause de l'arrivée de ces deux personnages. Je fus présenté au noble lord et au colonel Gurwood, tous deux de l'aspect le plus agréable et le plus distingué. L'un et l'autre parlaient admirablement français et espagnol. Leurs manières parfaites et la connaissance exacte du pays qu'ils avaient acquise, l'un dans ses missions diplomatiques, l'autre dans sa carrière militaire, les rendaient absolument aptes à s'acquitter le mieux du monde de leur délicate mission. Pourvus tous les deux de commissions du gouvernement anglais, ils s'étaient présentés déjà, conformément à leurs instructions, à D. Carlos lui-même, et ce prince, après les avoir reçus, les avait envoyés à Zumalacárregui, afin de s'entendre avec lui sur les moyens de mettre fin le plus vite possible à l'habitude barbare des deux partis de fusiller leurs prisonniers. Zumalacárregui se prêta volontiers à des vues aussi philanthropiques, dont le but était de délivrer les soldats de l'une et de l'autre armée de tout autre péril que de celui des combats, et d'éviter pour l'avenir l'effusion de tant de sang espagnol.

Un petit nombre de cristinós qui, pendant la retraite de Valdès de las Amezcuas, s'étaient égarés et réfugiés dans les montagnes, avaient été pris par les soldats ou les paysans carlistes et conduits au quartier général. Quelques-uns furent passés par les

armes à titre de représailles. Lord Elliot demanda
à Zumalacárregui la vie pour ceux qui restaient, et
celui-ci la lui accorda aussitôt, ajoutant que, s'il
était arrivé un jour plus tôt, il lui aurait accordé
aussi celle des autres. Lorsque l'on annonça à ces
infortunés qu'ils avaient la vie sauve, ils se jetèrent
au pied de Sa Grâce, lui témoignant toute leur
reconnaissance. Vingt-six hommes durent ainsi
leurs jours à la généreuse intercession du noble
étranger.

Lord Elliot donna à Zumalacárregui une longue-
vue qui avait servi dans nombre de batailles au duc
de Wellington, et Zumalacárregui apprécia tellement ce cadeau qu'il le porta continuellement sur
lui jusqu'à sa mort.

Une convention pour l'échange des prisonniers
ayant été rédigée et signée par Zumalacárregui,
lord Elliot témoigna de son impatience d'arriver au
quartier général de Valdès, afin de donner une
heureuse issue à son honorable mission. Le général voulut escorter personnellement les commissaires anglais aussi loin que la prudence le permettrait, et nous nous mîmes en chemin. Zumalacárregui marchait accompagné d'Iturralde, de D. Carlos O'Donnell, avec vingt lanciers de son escorte,
et, en outre, avec un peloton de lanciers d'Alava
comme escorte d'honneur. Lord Elliot se tenait à
la droite du général, et celui-ci commandait la
troupe ayant un visage tout souriant, contre son
ordinaire. Au moment de passer devant les troupes
carlistes, les commissaires ne purent s'empêcher
d'exprimer leur surprise de leur attitude martiale
et leur discipline, et de reconnaître combien ils
avaient été mal renseignés sur le véritable état de
cette armée. A deux lieues et demie d'Estella, nous
nous arrêtâmes dans le petit village d'Azqueta,
pour y déjeuner. Nous poussâmes cependant ensuite

jusqu'au couvent d'Irache, où Zumalacárregui pro-
posa aux commissaires de prendre le chocolat.
Lord Elliot répondit qu'il était fort impatient de
voir Valdès. Peu d'instants après, il se sépara de
nous et se dirigea sur Estella, accompagné des
colonels Gurwood et Wylde.

Quant à nous, nous retournâmes sur nos pas,
et, assez naturellement, courûmes pendant plus
d'une demi-lieue à toute bride, puisqu'il était fort
possible que l'ennemi, nous sachant aussi près,
détachât à notre poursuite quelques escadrons lan-
cés à fond de train.

La récompense la plus agréable que lord Elliot
pût acquérir pour l'heureuse issue de sa mission
de paix fut d'avoir sauvé la vie à six mille infortunés, prisonniers de part et d'autre. Son habileté et sa modération aplanirent les difficultés qui
résultaient de l'animosité réciproque des partis. Le
brigadier carliste Montenegro se rendit à Logroño
avec de pleins pouvoirs pour établir les termes
définitifs de la convention, laquelle fut enfin heureusement conclue.

# CHAPITRE VIII

Tentative de Zumalacárregui sur Irurzun. — Déroute
d'Iriarte à Garniza. — Siége et prise de Treviño. — Les
cristinós évacuent Estella, Salvatierra et Maestu. — Surprise tentée par Zumalacárregui sur les hauteurs du Perdon. — Les escadrons carlistes s'approchent de Pampelune. — Mort de D. Carlos O'Donnell. — Entrée des
carlistes à Estella. — Siége de Villafranca. — Espartero
surpris et défait à Descarga. — Reddition de Villafranca.
— Sommation à Vergara et à Eibar, et leur reddition. —
Evacuation de Tolosa.

Le coup porté à Valdès ayant délivré de la présence de l'ennemi le pays soumis à nos armes,
nous allâmes mettre le siége devant Irurzun. La
garnison de cette place, située sur le chemin de
Pampelune, à une assez petite distance d'Echarri-
Aranaz, nous incommodait fort. Cependant, le mauvais temps qui survint alors contraria tellement nos
opérations que Zumalacárregui résolut de lever le
siége et de se retirer à une extrémité de la Borunda.
Il présumait d'ailleurs que Valdès arriverait par
Pampelune pour délivrer la garnison, dès qu'il
connaîtrait notre mouvement rétrograde. D'un
autre côté, l'ennemi n'avait pas de magasins à Irurzun, et ce point n'excitait pas particulièrement
l'envie de notre général.

Nous reçûmes à Echarri-Aranaz la nouvelle
de la brillante victoire que le brigadier Gomez
remporta à Garniza (1) sur les troupes ennemies
commandées par Iriarte, et qui coûta aux vaincus
cinq cents prisonniers et deux pièces de canon. Une

(1) En basque : *garniture*.

partie des cristinós s'étaient retirés dans un couvent, où ils furent secourus par Espartero. Gomez
fut avisé du traité relatif aux prisonniers avec la
plus grande diligence possible. Nous nous trouvions alors pourvus de munitions et de tout ce qu'il
faut pour faire la guerre. Aussi, nous nous jetâmes
sur Treviño, petite localité placée sur une éminence
à peu de distance et à droite du chemin de Vitoria
à la Rioja. L'intention de Zumalacárregui était
d'isoler autant que possible la place de Vitoria, et
l'ennemi lui-même concourait au même but en évacuant Salvatierra, Estella et Maestu. C'étaient là
les résultats de notre dernière victoire.

Treviño se trouve au pied d'un ancien château
presque ruiné, lequel est construit au sommet
d'une hauteur d'où l'on découvre une grande
étendue de plaine. Nous ne tardâmes pas longtemps à nous emparer des maisons fortifiées et
des ouvrages de défense extérieurs. L'église,
qui formait le retranchement principal, reçut tant
de décharges de notre artillerie, que les quatre
cent vingt hommes qui composaient la garnison
durent se rendre à discrétion le troisième jour de
l'investissement. Ils ignoraient la convention passée
par l'intermédiaire de lord Elliot et éprouvèrent
une agréable surprise lorsqu'ils apprirent qu'ils
n'avaient rien à craindre pour leurs jours.

Cette opération terminée avec un aussi rare
bonheur, nous nous dirigions sur Puente la Reina
pour l'attaquer, quand sortit de Pampelune un corps
de trois mille hommes avec de la cavalerie. Les
uns prétendaient que cette colonne venait pour
nous attaquer; les autres, qu'elle allait recueillir
un convoi à Tafalla (1), en se réunissant aux trou-

(1) En basque : *nappe*. Mot tiré des langues latines.

pes qui se trouvaient dans cette ville. Deux bataillons et toute notre cavalerie, composée de cinq escadrons, devancèrent le reste de nos forces et arrivèrent aux hauteurs du Perdon, à travers lesquelles est tracée, avec des détours nombreux, la route de Puente la Reina à Pampelune. Quand nous arrivâmes à cet endroit, quelques paysans nous annoncèrent que la colonne ennemie avançait. Aussitôt le général disposa ses troupes. Il plaça ses cavaliers à un détour de la route, de façon qu'on ne pût les apercevoir, même à quelques pas, et ses deux bataillons en un point très-voisin, derrière une petite élévation qui les cachait entièrement. Les instructions étaient de tomber sur l'ennemi dès qu'on le verrait reculer à l'aspect de notre cavalerie. Dans cette disposition nous attendions, observant la masse obscure qui s'avançait sans se douter du péril qui la menaçait, quand tout à coup nous vîmes l'ennemi s'arrêter à une assez grande distance, puis se retirer rapidement. Il avait eu connaissance du piége qui lui était tendu. Lorsque Zumalacárregui constata ce mouvement rétrograde, il ordonna, aussi bien à sa cavalerie qu'à son infanterie, de lui donner la poursuite et de chercher à l'atteindre avant qu'il eût pu se mettre à l'abri de la place ; cependant, comme l'ennemi avait une demi-heure d'avance, toute la diligence que nous pûmes faire fut en vain. Deux compagnies des tirailleurs d'Isabelle II, détachées comme flanqueurs, se voyant coupées, se réfugièrent à Zizur Mayor, pour se garantir de notre cavalerie ; mais, dès que notre infanterie fut arrivée, elle leur fit soixante prisonniers et tua tout le reste.

L'ennemi, fuyant, fit de nouveau front quand il fut arrivé à portée de canon de Pampelune. Nos escadrons s'avancèrent, formés en bataille, pour provoquer la garnison ; mais comme celle-ci avait fort peu de cavalerie, elle ne voulut pas la hasarder contre un adversaire aussi supérieur en nombre et dans un terrain aussi facile. Nous apercevions sur les murs une grande quantité de personnes qui nous observaient avec des lunettes.

A côté d'une auberge située sur le chemin, à un quart de lieue de Pampelune, se trouve un petit pont sur lequel les cristinós avaient placé un peloton de cavalerie. Nous ne crûmes pas qu'il y eût lieu de les charger en cet endroit, qui était déjà à portée du canon de la place. O'Donnell marchait, avec son intrépidité ordinaire, laissant bien loin derrière lui son régiment, et suivi d'une ordonnance, d'un sergent, d'un trompette et de quelques officiers. Quand il se fut avancé vers le piquet du pont : « Eh ! Messieurs, les voici, dit il. Nous sommes » aussi loin de nos escadrons qu'ils le sont des » leurs. Jetons-nous donc sur eux ! » Les *peseteros*, flanqueurs de Navarre, qui composaient le détachement, voyant que nos cavaliers étaient moins nombreux qu'eux, tinrent bon. Cependant, quand ils les aperçurent tout près, ils se dirigèrent sur la place avec précipitation. O'Donnell, lancé à fond, donnait la chasse à un cavalier ennemi qui était resté quelque peu en arrière, et lui criait de se rendre, lorsque celui-ci lui envoya un coup de carabine qui le blessa au ventre. O'Donnell fut transporté à Echarri sur un brancard, mortellement blessé. La balle, après lui avoir perforé les intestins, s'était arrêtée à l'épine dorsale. Le malheureux Carlos mourut la nuit suivante, à dix heures. C'est ainsi que se termina la chevaleresque carrière de ce brillant officier, que ses qualités personnelles rendaient digne d'un meilleur sort.

Le lendemain, Thomas Reina, à la tête de soixante cavaliers de son escadron, prit un lieutenant et huit soldats de cavalerie, tout près de Tafalla.

Les carlistes prirent possession d'Estella, qui avait été évacuée par l'ennemi après la prise de Treviño, et firent leur entrée dans cette ville au son de toutes les cloches et au milieu des manifestations de la plus grande joie des habitants de la seconde cité de Navarre. Les maisons étaient pavoisées, on nous jetait des fleurs, et le soir il y eut une illumination générale. Comme tous les jeunes gens de la ville se trouvaient dans nos rangs depuis les premiers jours, nous nous vîmes bien vite entourés d'une foule émue de mères, de pères, de parents.

Nous apprîmes à Estella l'échec subi par Oráa aux environs d'Elzaburu. Ce général avait successivement évacué les points fortifiés du Bastan, Elizondo, Urdax, San Esteban et même Irun, et, en se repliant sur Pampelune, il avait été mis en déroute par les forces réunies de Cuevillas, d'Elio et de Sagastibelza.

Zumalacárregui se dirigea avec son armée sur Villafranca de Guipuzcoa dont les fortifications, quoique irrégulièrement construites, étaient cependant en fort bon état de défense. J'avais des raisons de supposer qu'il voulait s'emparer de ce point et de celui de Vergara, à cause des nombreuses munitions de guerre qui s'y trouvaient, pour tomber ensuite sur la place de Vitoria devant les murs de laquelle il aurait l'occasion de livrer une bataille générale et décisive. Nous avions neuf pièces d'artillerie : l'*aïeul*, un mortier de treize pouces, un canon de huit, deux canons de six et deux de quatre. Un temps continuellement affreux contrariait beaucoup nos opérations de siége.

Villafranca est un petit bourg sur la route de Vitoria à Bayonne (1), et situé au milieu d'une

(1) En basque : *bonne baie*.

plaine qui s'étend jusqu'aux bords de la rivière
d'Orio. Ses maisons sont très-élevées et ses rues
fort étroites, ce qui fait qu'il occupe d'autant moins
d'espace. Le mur qui l'entourait était élevé et épais,
avec palissade et double fossé intérieur et exté-
rieur, et une porte défendue par de grandes barres
de fer et des chevaux de frise. Tous les habitants
à opinions libérales des environs s'étaient retirés
dans ce bourg et y occupaient les maisons des carlistes que l'on avait expulsés. La garnison se composait de trois cents hommes de troupes de ligne
et de presque autant de gardes nationaux.

Villafranca était dominée quelque peu par une
hauteur voisine. Cette circonstance nous fut entièrement favorable. Les nôtres commencèrent par
s'emparer, dans une nuit fort obscure, de quelques
maisons qui se trouvaient à cinquante pas de la
porte de Villafranca et se mirent à y ouvrir la
mine ; mais les cristinós firent une sortie et incen-
dièrent ces maisons. Au commencement, nous
pensions que, battant la place sans interruption,
nous arriverions à la réduire de cette façon Nous
avions eu une peine énorme à hisser, avec les atte-
lages de bœufs, nos pièces de gros calibre jusqu'à
l'éminence où on devait les mettre en batterie, la
pluie ayant rendu le terrain fort glissant. Enfin,
après un feu très-soutenu, on réussit à ouvrir une
brèche entre deux vieilles maisons dont les murs
étaient excessivement épais. Dès qu'elle fut prati-ca-
ble, le général ordonna l'assaut sans désemparer.
Villafranca faisant partie de la province de Guipuzcoa, Zumalacàrregui décida que deux compagnies
du premier bataillon de cette province monteraient
les premières à l'assaut. Ces compagnies devaient
être appuyées par trois bataillons navarrais. Une
fois la nuit tombée, elles appuyèrent, dans le plus
grand silence, les échelles au mur ; mais quelques-

uns de ceux qui y montaient étant tombés morts, les deux compagnies de Guipuzcoa prirent précipitamment la fuite et refusèrent de la façon la plus formelle de revenir à l'attaque. Lorsque leurs officiers vinrent annoncer à Zumalacárregui cette détermination, celui-ci, emporté par la fureur, les dégrada, ainsi que les sous-officiers, et ordonna que les deux compagnies fussent décimées, conformément à la loi martiale. Du reste, le moment de donner l'assaut était passé pour les bataillons navarrais, puisque la garnison avait jeté nos lumières au fossé.

Le lendemain, quand l'on sut parmi nous la conduite honteuse des Guipuzcoans, le capitaine Lacheia, officier d'un courage à toute épreuve, qui commandait la huitième compagnie de guides, offrit de mener à l'assaut cent vingt guides qui briguaient un pareil honneur ; quatre compagnies du bataillon du *Requeté* s'offrirent aussi, ainsi que quatre autres du bataillon de guides. L'honneur de se mettre à la tête des troupes qui donneraient l'assaut fut dévolu au capitaine Lacheia, et celui-ci dit au général que, s'il se tirait avec bonheur de sa périlleuse entreprise, il ne demanderait pour toute faveur que la grâce des soldats guipuzcoans tombés au sort quand on les avait décimés, à la condition qu'on leur permît de monter à l'assaut avec lui. Cette requête lui fut accordée de tous points.

La brèche avait été élargie, les échelles étaient disposées, et cependant l'ordre de donner l'assaut se fit attendre toute la nuit. Zumalacárregui avait appris qu'Espartero approchait à la tête de six mille hommes, pour secourir Villafranca ; aussi prit-il toutes les mesures utiles pour le repousser. Eraso fut détaché avec huit compagnies, avec ordre de marcher sans se laisser voir ni entendre, ce qui était possible avec aussi peu de monde, et d'atta-

quer le corps ennemi au milieu de l'obscurité de
la nuit.

Comme il arrive toujours pour les entreprises
qui n'ont pas réussi, je suis forcé de dire qu'il serait
injuste de qualifier de téméraire le mouvement
tenté par Espartero sous l'impérieuse nécessité de
porter secours à Villafranca.

La colonne de ce général, marchant dans le
silence de la nuit, par les hauteurs de Descarga,
fut inopinément surprise par le feu des tirailleurs
carlistes, et par les cris de : « Vive le Roi ! vive Zuma-
» lacárregui ! On fait quartier ! on fait quartier ! »
Les soldats de la reine étaient alors si abattus par
les triomphes récents des carlistes, qu'après une
seule décharge la division d'Espartero se débanda
presque tout entière, et qu'une grande partie de
son monde, effrayé par l'obscurité qui ne permettait pas même d'apercevoir l'ennemi, pourtant bien
rapproché, en vint à rendre les armes. Un fils
d'Eraso se conduisit dans cette circonstance avec
le plus grand courage. Heureusement pour les
vaincus, le traité de lord Elliot et nos triomphes
récents et répétés avaient beaucoup calmé l'irritation de nos soldats, si bien que l'ennemi ne perdit
guère que des prisonniers, au nombre de mille huit
cents. Le reste de sa colonne arriva à la débandade à Vergara et à Bilbao, couvert de boue et
anéanti. Le général ennemi Mirasol, avec plusieurs
de ceux qui l'accompagnaient, fut pris sur le chemin même, à côté d'une auberge ; mais son air
tranquille et sa petite taille le sauvèrent : il cacha
ses galons en retournant ses manches et se fit
passer pour tambour, ayant remarqué que les
nôtres préféraient prendre des officiers. Laissé là
avec un coup de pied, il put s'échapper aisément.

Le lendemain matin, Zumalacárregui envoya un
parlementaire à Villafranca pour informer les assié-

gés qu'Espartero, sur l'arrivée de qui ils fondaient tant d'espérances, venait d'être mis en déroute et que, s'ils ne se rendaient pas immédiatement, ils auraient à subir les conséquences d'un assaut. Ils expédièrent alors un officier pour se convaincre de la réalité de ces nouvelles. Celui-ci, après avoir vu les prisonniers et leur avoir parlé, revint auprès des siens et les assura qu'il n'y avait plus aucun secours à espérer. En conséquence, la place se rendit le même jour, à trois heures après midi, et fut aussitôt occupée par les carlistes. Les gardes nationaux furent désarmés et les propriétés respectées, comme il avait été convenu ; les officiers supérieurs, les officiers et les soldats de l'armée qui composaient la garnison obtinrent la permission de se retirer où ils voudraient, après s'être engagés à ne plus prendre les armes contre D. Carlos.

Beaucoup de cartouches et de munitions, huit cents fusils et un canon de huit tombèrent en notre pouvoir. Les fortifications furent immédiatement démolies et nous nous dirigeâmes aussitôt sur Vergara, où s'étaient réfugiés un grand nombre de fuyards de la division Espartero. Il y avait dans la place, en outre, treize cents hommes de garnison et neuf pièces d'artillerie, de gros et de moindre calibre, tentation bien alléchante pour les carlistes.

Lorsque la reddition de Villafranca fut connue, la place de Tolosa fut abandonnée par sa garnison avec une telle précipitation qu'elle y laissa une grande quantité de munitions de guerre, de vivres, de cartouches, dont nous pûmes nous emparer.

A la suite de tous ces événements, dominée de divers côtés par des hauteurs, occupée par une garnison beaucoup plus considérable que celle que ses magasins pouvaient entretenir, ayant perdu enfin tout espoir de secours, la place de Vergara se vit forcée de se rendre. Valdès ne s'était pas remis encore du désastre des Amezcuas ; la division d'Iriarte avait été récemment défaite à Garniza, celle d'Oráa à Elzaburu et celle d'Espartero à Descarga. Vergara ne pouvait attendre aucun bon résultat de sa défense.

Le gouverneur réunit le conseil de guerre qui décida que, si l'évacuation de Tolosa était certaine, on rendrait la place. Deux officiers furent envoyés pour s'assurer des faits et, après qu'ils furent revenus, Vergara se rendit. La garnison et les gardes nationaux obtinrent des conditions honorables. Le lendemain, D. Carlos fit son entrée triomphale dans la ville.

Eibar, ville qui jouit d'une grande réputation à cause de ses manufactures d'armes et qui n'avait pour la défendre que sa garde nationale, fut alors assiégée par quelques bataillons guipuzcoans. Zumalacárregui promit de respecter les personnes et les propriétés, à l'exception des armes, des chevaux et des munitions, et de permettre aux défenseurs de rentrer chez eux, ajoutant toutefois que si ces propositions n'étaient pas admises, on donnerait l'assaut, et que la ville serait traitée alors avec toutes les rigueurs de la guerre. Eibar se rendit. La nuit même où l'on sut à Durango la capitulation de Vergara, les troupes qui l'occupaient l'évacuèrent et se retirèrent à Bilbao. Salvatierra fut abandonnée aussi ces jours-là par l'ordre de Valdès, et nous apprîmes que la plus grande partie des munitions tant de guerre que de bouche, et du parc, qui étaient à Vitoria, avaient été emmenées sur les bords de l'Ebre d'après les instructions du même général.

# CHAPITRE IX

Idées de Zumalacárregui. — Son opposition au projet d'assiéger Bilbao. — Siége et prise d'Ochandiano. — L'armée carliste marche sur Bilbao. — Premières opérations
du siége. — Blessure de Zumalacárregui. — Il est transporté à Cegama. — Sa mort. — Réflexions sur Zumalacárregui.

Zumalacárregui projetait de tomber avec toutes
ses forces sur la capitale d'Alava et de forcer
l'ennemi à une bataille générale pour pouvoir
ensuite (car il comptait sur la victoire) entreprendre des opérations p us étendues.

Cependant, un obstacle immense empêchait les
carlistes de donner à leur action tout le développe-
ment auquel ils aspiraient : c'était le manque d'argent. Un empêchement d'une aussi grande importance leur fit tourner les yeux vers Bilbao et commettre la faute grave de faire le siége de cette ville
riche, au lieu de continuer leur marche en avant
et d'user de la supériorité qu'avaient acquise leurs
armes sur un ennemi démoralisé par toute une
série de revers. D. Carlos déclara que non-seulement il n'avait plus de ressources pour payer à son
armée une partie de son arriéré, mais qu'en outre
il ne s'attendait même pas à en recevoir, et que la
possession de Bilbao, ville commerçante et opu-
lente, le mettrait en état de pourvoir du moins aux
besoins les plus pressants de ses troupes. Zumalacárregui s'opposa à ce dessein de toutes ses forces.
« Pour pouvoir prendre Bilbao, dit-il, il faut plu-
» sieurs jours ; il serait donc préférable de s'em-
» parer auparavant de Vitoria, puis de passer

9

» l'Ebre, en profitant du découragement de l'armée
» des cristinós ». Il ajouta que, plus les troupes
carlistes s'étendraient dans le territoire fertile et
intact des Castilles, en se rapprochant du but défi-
nitif de leurs efforts, plus il leur serait faci'e de se
procurer des ressources. Tels étaient le langage et
l'avis de Zumalacárregui Cependant, le manque ou
plutôt le défaut absolu d'argent agitait tellement les
esprits des conseillers de D. Carlos, qu'ils insistè-
rent de plus en plus sur la prise de Bilbao. On en
vint à demander à Zumalacárregui : « l'eut-on
» prendre Bilbao ? — Oui, répondit le général ;
» mais cette opération nous fera perdre beaucoup
» de monde et surtout un temps très-précieux ».

Cette réponse était pleine de jugement, quoique
Zumalacárregui ne pensât pas qu'à Bilbao il ren-
contrerait sa tombe Enfin, l'opinion de la majorité
l'emporta, au grand détriment de la cause, et il fut
décidé que l'on entreprendrait le siége de la place.
L'artillerie y fut envoyée par ordre du général, qui
prescrivit de mettre en batterie un canon de dix-
huit et deux mortiers.

En attendant, il marcha sur Ochandiano avec trois
bataillons. Ce point fortifié avait une garnison de
trois cent quatre-vingts hommes du régiment provincial de Séville ; son gouverneur était le colonel
du même régiment, marquis de San Gil, qui avait fait
compléter les travaux de défense de la place. Cet
officier refusa de se rendre à la première sommation, et en conséquence notre artillerie commença son feu Les maisons étaient toutes créne-
lées, mais le principal point de défense consistait
dans l'église, qui était entourée de tambours, et
protégée par des palissades et un fossé. Nos feux
commencèrent à huit heures du matin et démoli-
rent quelques maisons. La garnison elle-même
incendia celles qui étaient les plus voisines de

l'église. Nos soldats pénétrèrent dans les rues et se battirent avec les cristinós de maison en maison, pied à pied, leur jetant surtout des grenades à la main. Cependant, à une heure de l'après-midi, tous les assiégés avaient été obligés de se réfugier dans l'église ou dans les ouvrages de défense qui l'environnaient. Quarante-trois bombes tombèrent dans cet édifice plein de monde ; la dernière y tua deux hommes et en blessa un grand nombre. Les assiégés, voyant que notre mortier continuait à battre leur retranchement déjà fort endommagé, déployèrent une bannière blanche. La garnison fut faite prisonnière, ainsi que la musique du régiment provincial de Séville : nous nous emparâmes d'une grande quantité de vivres et de munitions, et de cinq cents fusils anglais tout neufs. La musique, qui était fort bonne, fut pour nous une excellente acquisition, car nous n'en avions aucune. Cependant, quand Zumalacárregui eut appris qu'il fallait des caissons et des mulets pour la transporter, il l'envoya au quartier général du roi.

L'intérieur de l'église offrait un spectacle qui défiait toute description. Au milieu d'un chaos de shakos, d'armes, de capotes, d'uniformes, de chasubles et d'autres ornements d'église, de bancs, de pierres, de statues brisées, on voyait les dalles tombales enlevées et des cadavres mutilés occupant des sépultures qui ne leur étaient pas destinées, tandis que l'on apercevait, dispersés çà et là, les ossements et les squelettes qui y avaient été antérieurement déposés.

Le lendemain matin, Zumalacárregui se dirigea sur Durango et de là sur Bilbao, où notre artillerie nous avait déjà précédés. La prise d'Ochandiano fut son dernier exploit. La mort devait, bien peu de temps après, arracher de ses mains victorieuses le fruit de tant de faits d'armes.

# CHAPITRE X

Bilbao, située sur la rive droite du Nervion.

Il était fort difficile d'attaquer Bilbao, défendue par trente pièces d'artillerie, si l'on voulait s'astreindre à attaquer les forts isolés qui la protégeaient, sans compter les réduits et les fossés qui l'entouraient complétement : nous n'avions pas, en effet, assez d'artillerie de siége pour cela. Il était beaucoup plus aisé de donner l'assaut et d'entrer dans la ville en sacrifiant du monde. Tel fut le projet du général carliste.

Au bord de la rivière se trouve une petite hauteur qui domine la place de l'Hôpital. Dans ce lieu élevé et très-voisin déjà des ouvrages de défense, nous mîmes en batterie trois mortiers et nos deux pièces de dix-huit.

Le bataillon de guides fut posté dans l'église et sur la hauteur de Begoña. Cette église, quoique située hors de l'enceinte, est l'une des principales de Bilbao, et ce fut en arrière de cet édifice que fut établi notre magasin.

On pratiqua deux embrasures dans le mur d'un palais fort solidement construit, qui se trouve à gauche de l'église, et l'on y plaça deux canons. Après un grand nombre de décharges, on réussit à ouvrir une brèche, et le général voulut que le sort désignât les compagnies qui devaient aller à l'assaut. Ce périlleux honneur advint aux deux premières compagnies de guides qui devaient marcher en tête des bataillons. Zumalacárregui annonça qu'il ferait donner une once d'or à chacun des cent premiers qui entreraient dans la place, et qu'on assurerait l'existence des familles de ceux qui périraient ; enfin il promit à l'armée six heures de pillage après la prise de la ville. Des acclamations enthousiastes lui répondirent et tous demandèrent à être conduits à l'assaut.

Cependant, à ce moment, nous nous trouvions sans munitions et notre feu diminua par suite. L'ennemi profita de ce répit pour boucher complétement la brèche. Le général se vit donc contraint de remettre l'assaut à la nuit suivante, et, modifiant ses premières dispositions, il fit placer une batterie à la gauche de l'église de Begoña et se décida à battre en brèche le mur qui reliait les forts de ce côté, convaincu qu'ils ne pourraient pas lui faire tort avec leurs feux, du moment où l'assaut se donnerait.

Depuis le palais qui se trouve à côté de Begoña, la vue domine parfaitement non-seulement Bilbao, mais encore les environs. Cet édifice, situé à environ cent mètres des fortifications, était le but constant de tous les coups ; tous les bois et toutes les ferrures de ses fenêtres étaient détruits. Le matin même du jour où l'on attendait l'arrivée des munitions pour l'assaut, Zumalacárregui, poussé par son habitude de tout voir par lui-même, vint se placer, sa longue-vue à la main, à une fenêtre de ce palais, malgré les observations et les supplications des officiers de son état-major. Lorsque les assiégés l'aperçurent, ils le saluèrent d'une salve de coups de fusil. Et, comme tout en lui annonçait un officier général, tous les soldats qui se trouvaient dans les batteries voisines firent feu sur lui à la fois. Une balle de cette décharge, donnant contre la ferrure de la fenêtre, blessa le général par ricochet à la partie supérieure de la cuisse et alla briser le péroné, causant à peine une lésion à l'os principal, ainsi qu'il arrive ordinairement pour les coups de feu qui ont perdu de leur force. Elle resta logée dans les chairs.

Je me trouvais alors à Zornoza, où je reçus l'ordre de me rendre au quartier général. Après avoir parcouru plus d'une demi-lieue, je sus que j'étais appelé pour servir d'interprète avec le chirurgien en chef, M. Burgess, le général ayant été blessé. Quelques instants après je rencontrai Zumalacárregui, porté sur un brancard par douze soldats. Il semblait souffrir beaucoup, mais parlait sans difficulté et aspirait de temps en temps la fumée de sa cigarette. Le professeur Burgess, se trouvant à une assez grande distance, n'avait pas pu arriver encore pour examiner la blessure, mais l'un des chirurgiens espagnols qui se trouvaient présents déclara qu'elle n'avait rien de grave. Ce qui impatientait et irritait le général était la nécessité où il allait se trouver de quitter l'armée, et de ne pouvoir diriger lui-même les opérations du siége. La nouvelle de sa blessure s'était répandue de tous côtés avec la rapidité de l'éclair. Pendant qu'on le transportait, les paysans, les soldats accouraient sur la route. En chemin, il ne prit que deux tasses de chocolat, les médecins ne lui permettant pas autre chose.

Comme il était nécessaire de prendre les plus grandes précautions pour empêcher que le mouvement ne l'incommodât, il faisait presque nuit quand nous arrivâmes à Durango. Déjà l'une des meilleures maisons de la ville avait été préparée pour le recevoir ; elle était en face de celle qu'occupait D. Carlos, et les ministres étaient là pour attendre son arrivée. Zumalacárregui n'avait jamais montré beaucoup d'affection pour les personnages qui formaient l'entourage immédiat du prince, et il les reçut avec une certaine brusquerie. Quand ils lui demandèrent s'il souffrait, sa réponse fut : « Croyez-» vous que je me trouve fort bien d'avoir la cuisse » traversée par une balle ? »

La blessure fut examinée et reconnue telle que

je l'ai décrite plus haut ; le général avait alors un
peu de fièvre, qui augmenta pendant le reste de la
nuit. Ses premières paroles, quand les courtisans
s'en allèrent, furent : « Si l'on m'avait laissé agir
» par moi-même deux mois de plus, je ne m'in-
» quiéterais pas de savoir si ma blessure est plus
» ou moins grave. » Il était assisté par le chirurgien de l'état-major (qui avait déserté des troupes
de la reine peu de temps auparavant et en qui il
avait le plus de confiance), par un médecin de la
cour et par M. Burgess. Les deux premiers décla-
rèrent que la blessure était si légère qu'avant un
mois le général pourrait monter à cheval ; le dernier fixait à son traitement une durée plus courte
encore et affirmait qu'avant trois semaines il pourrait reprendre son commandement avec cette activité qui avait tant de prix pour les intérêts de D.
Carlos. M. Burgess voulait que l'on procédât immédiatement à l'extraction de la balle ; mais les autres
s'y opposèrent et ne permirent pas qu'on enlevât
le premier appareil avant le lendemain matin ; ils
appliquèrent aussi sur la blessure, contrairement à
l'avis de M. Burgess, une compresse de baume du
Samaritain, avec de l'huile et du vin.

Le même jour, D. Carlos vint en personne rendre
visite à Zumalacárregui, et ils eurent ensemble un
long entretien. L'entrevue fut des plus touchantes :
le prince avait les larmes aux yeux ; le général était
pâle et fatigué, car il avait fort peu dormi ; cependant, il lut et signa un grand nombre d'ordres. Il
me chargea de dire à M. Burgess que, comme sa
blessure était légère et comme il avait auprès de
lui un médecin de la cour, il pouvait s'en retourner à Puente Nuevo (notre ambulance au siége
de Bilbao), où sa présence serait beaucoup plus
utile pour les blessés de l'armée. Il me dit aussi
à moi-même d'aller rejoindre le général Eraso,

qui avait pris le commandement en chef par
intérim.

Une litière transporta ensuite Zumalacárregui à
Segura, puis à Cegama, en le faisant passer par le
village d'Ormaistegui, son lieu de naissance. Il
mourut le onzième jour après avoir été blessé.
Dans son délire, il voyait des batailles et des vic-
toires.

La cause carliste, après la mort de Zumalacárregui, resta comme un navire battu par les flots,
sans mât et sans gouvernail. Cet homme, quand il
s'était présenté aux carlistes, n'avait trouvé qu'une
poignée de montagnards sans apparence militaire,
et maintenant, en mourant, il laissait à son prince
vingt-huit mille fantassins et huit cents cavaliers,
tous parfaitement organisés et montés, vingt-huit
pièces d'artillerie en bon état et douze mille fusils
en magasin, le tout conquis avec son épée et avec
la vaillance de ses montagnards. Lorsque je revins
à Puente Nuevo, je constatai immédiatement le
ralentissement des opérations du siége et l'abatte-
ment des esprits. Zumalacárregui seul, avec deux
canons et deux mortiers, avait ouvert la brèche au
bout de deux jours, et maintenant on n'avait pu obtenir un pareil résultat, malgré l'arrivée d'une plus
grande quantité d'artillerie. Le général, comte de
Mirasol, gouverneur de la place, dès la réception
de l'avis de la blessure de Zumalacárregui, annonça
sa mort à la garnison, alors que nous mêmes nous
étions encore éloignés de la redoute. Les cris des
soldats de la reine nous annoncèrent jusqu'à quel
point cette nouvelle les avait réjouis. « Nous vous
avons tué votre chef barbare ! » Les nôtres répondaient par des coups de feu à ces outrages.

Cependant, il fut aisé de reconnaître qu'à partir de
ce moment le courage et l'énergie des ennemis furent
singulièrement remontés. Ils rétablirent et aug-

mentèrent même leurs fortifications, firent des
sorties et tirèrent sur nos batteries avec une viva-
cité inaccoutumée, démontant deux de nos pièces
de gros calibre. Toutefois, dans une de leurs sorties, ils furent repoussés en perdant plusieurs des
leurs et notamment un capitaine de marine du nom
d'O'Brien. Dès que Zumalacárregui eut quitté le
commandement et malgré les observations d'Eraso,
on abandonna le projet de donner l'assaut à la
place, quelques-uns ayant persuadé à D. Carlos
que ce serait une action coupable de livrer Bilbao
aux horreurs de la guerre. On lui dit que beaucoup
d'habitants de cette ville étaient dévoués à sa cause,
et que cependant ils seraient, aussi bien que les
autres, victimes de la fureur du soldat. Zumalacárregui, jugeant que la place ne pouvait être enlevée
que par un assaut, n'avait fait amener que peu
de munitions, et il fallait perdre un temps précieux
pour en faire venir davantage. En même temps que
la nouvelle prématurée de la mort de Zumalacárregui avait ranimé les ennemis, elle les avait persua-
dés aussi que les carlistes, sans ce chef, seraient
facilement vaincus. Eraso, atteint déjà du mal qui
devait le conduire à la tombe, continuait à diriger
le siége et avait encore à s'opposer aux efforts
vigoureux d'Espartero et de Latre, qui cherchaient
à le faire lever du côté de Portugalete. Cependant
la nouvelle de la mort du général ne tarda pas à se
répandre parmi les troupes et y produisit une telle
irritation que, si l'on avait su tirer parti de cette
fureur momentanée, Bilbao fût tombée infailliblement entre nos mains avant l'arrivée des colonnes
ennemies qui plus tard nous obligèrent à lever le
siége. Notre mauvaise fortune commençait au moment où ce guerrier avait cessé de vivre.

J'ai entendu depuis dire à un domestique qui
l'avait assisté pendant toute sa maladie que, mal-

gre la fièvre, il avait été constamment préoccupé
des affaires de l'armée. Les chirurgiens se déter-
minèrent, en dernier lieu, à opérer l'extraction de
la balle ; mais comme elle avait eu le temps de se
fixer dans les chairs, le blessé avait souffert beaucoup pendant l'opération, et le résultat final avait
été déplorable. Le général mourut dans le délire,
comme je l'ai dit, et plein d'idées belliqueuses. Son
corps, enfermé dans un cercueil de plomb, fut
enseveli dans l'église de Cegama, petit village des
bords de l'Orio, où il avait rendu le dernier soupir.
Une clé de son cercueil fut envoyée à D. Carlos et
l'autre à sa veuve. Il laissa toute sa fortune, qui se
composait de quatorze onces d'or, à ses domesti-
ques et à ses ordonnances. Quant à sa femme, il lui
légua la reconnaissance de son prince.

FIN

# TABLE DES MATIÈRES

PAGES

AVANT-PROPOS..................................  5
PRÉFACE DE L'ABRÉVIATEUR ESPAGNOL............  7

## PREMIÈRE PARTIE

CHAPITRE I. — Premiers soulèvements dans les provinces. — Chefs et promoteurs de l'insurrection. —
D. Santos Ladron. — Sa mort au premier combat de
los Arcos. — Présentation de D. Thomas Zumalacárregui aux carlistes. — Portrait de Zumalacárregui.
— Ses premières dispositions. — Graves obstacles
contre lesquels il eut à lutter — Il organise des partis de douaniers...  ............................  9

CHAPITRE II. — Arrivée de l'auteur en Espagne. —
Il se présente aux rebelles. — Combat près de Leca-
roz. — Zumalacárregui organise rapidement ses
troupes. — Combat d'Alsasua et défaite de Quesada.
— O'Donnell et les prisonniers sont fusillés. —
Moyens de rigueur employés par Zumalacárregui.
— Sa tactique.....  ......................  25

CHAPITRE III. — Arrivée de Rodil à l'armée du
Nord. — Renforts qu'elle reçoit. — Découragement
du pays insurgé. — Rodil. — Persécutions et ravages qu'il exerce. — Vives poursuites qu'il dirige contre D. Carlos et ensuite contre Zumalacárregui. —
Résultat de ses tentatives. — Enthousiasme du pays
pour la cause carliste. — Anecdote qui le démontre.  35

CHAPITRE IV. — Zumalacárregui surprend le général Carondelet dans les rochers de San Fausto. —
Déroute des troupes de Carondelet. — Le comte de
Viamanuel est fait prisonnier. — Viamanuel. — Sa
mort. — Efforts de Zumalacárregui pour se procurer
de l'artillerie. — Il tente de surprendre Echarri-
Aranaz. — Mauvais succès de sa tentative. — Châtiment qu'il inflige à ses troupes............  41

PAGES

CHAPITRE V. — Zumalacárregui surprend de nouveau Carondelet à Viana. — La cavalerie insurgée. — Déroute des troupes de la reine. — Présentation de l'auteur à Zumalacárregui. — Châtiment infligé par celui-ci à son quartier-maitre général ........  47

CHAPITRE VI. — Zumalacárregui franchit l'Ebre. — Il met en déroute, entre Ceniccro et Fuenmayor, les troupes qui escortaient un convoi considérable dont il s'empare. — Dispositions qui précèdent le combat d'Alegria. — Combat d'Alegria et déroute d'O'Dagle. — Nouveau combat avec le général Osma, qui est contraint de se replier sur Vitoria. — Avantages de Zumalacárregui. — Sa cruauté.. ........  53

CHAPITRE VII. — Rencontre avec le brigadier Lopez à Sesma. — Attaque et incendie de l'église fortifiée de Villafranca. — Courage héroïque des assiégés. — Ils sont obligés de déposer les armes et fusillés. — Victoire obtenue par le général Córdoba sur Zumalacárregui à Mendaza. — Ses résultats ........  61

## DEUXIÈME PARTIE

CHAPITRE I. — Combat du pont d'Arquijás. — Mouvement d'Oráa. — Défaut de munitions chez les carlistes. — Le général Mina prend le commandement de l'armée du Nord. — Mina ................  67

CHAPITRE II. — Mouvements et position des troupes belligérantes. — Combat de Segura. — Retraite d'Ormaistegui opérée par les troupes de la reine....  73

CHAPITRE III. — Mouvements de Zumalacárregui. — Position de Córdoba et d'Oráa. — Combat d'Orbiso, malheureux pour les carlistes. — Eraso surprend le régiment provincial de Grenade. — Sort funeste des prisonniers. — Mouvements d'Oráa et d'Ocaña du côté du Bastan. — Conduite du dernier à Ciga. — Il lui vient du secours ...........  79

CHAPITRE IV. — Opérations du général Lorenzo. — Second combat d'Arquijás et de Santa Cruz de Campezu. — Conduite du général Mina dans le Bastan. — Siége et prise des forts de los Arcos. —

PAGES

La garnison se sauve. — Conduite de Zumalacárregui vis-à-vis des blessés prisonniers............ 84

CHAPITRE V. — Affaire de Lárraga. — Echec des
carlistes. — Mouvements de Mina. — Marches et
dispositions de Zumalacárregui. — Combat d'Elzaburu. — Pertes de Mina. — Siége d'Echarri-Aranaz.
— Mina. — Résistance héroïque des assiégés. —
Reddition de la place. — Conduite de Zumalacarregui envers la garnison...................... 89

CHAPITRE VI. — Etat des troupes carlistes. — Bataillon des guides de Navarre.— D. Carlos O'Donnell. — Il prend le commandement de la cavalerie
carliste. — Défi envoyé par lui au brigadier Lopez.
— Valdès, général en chef de l'armée du Nord
pour la seconde fois. — Ses idées sur la guerre. —
Ses premiers mouvements. — Il concentre ses forces. — Il envahit les Amezcuas. — Il repousse les
carlistes. — Situation lamentable des cristinós. —
Leur retraite désastreuse........ ............. 101

CHAPITRE VII. — Repos et inaction forcée des
carlistes. — Arrivée de lord Elliot et du colonel Gurwood. — Leur mission. — Leurs démarches et leur
conduite. — Convention pour le respect de la vie
des prisonniers et leur échange — Départ de lord
Elliot pour le quartier général de Valdès.......... 115

CHAPITRE VIII. — Tentative de Zumalacárregui
sur Irurzun. — Déroute d'Iriarte à Garniza. — Siége
et prise de Treviño. — Les cristinós évacuent Estella,
Salvatierra et Maestu. — Surprise tentée par Zumalacárregui sur les hauteurs du Perdon. — Les escadrons carlistes s'approchent de Pampelune. - Mort
de D. Carlos O'Donnell. — Entrée des carlistes à
Estella. — Siége de Villafranca. — Espartero surpris et défait à Descarga. — Reddition de Villafranca.
— Sommation à Vergara et à Eibar, et leur reddition. — Evacuation de Tolosa.................. 119

CHAPITRE IX. — Idées de Zumalacárregui. — Son
opposition au projet d'assiéger Bilbao. — Siége et
prise d'Ochandiano. — L'armée carliste marche sur

PAGES

Bilbao. — Premières opérations du siége. — Blessure de Zumalacárregui. — Il est transporté à Cegama. — Sa mort. — Réflexions sur Zumalacárregui.   129

CHAPITRE X. — Bilbao, située sur la rive droite du Nervion ....................................   133

TABLE DES MATIÈRES... .....................   141

# ERRATA

P. 43, l. 23, au lieu de : *qui tout en le faisant*, lire : *que tout en le faisant*.

P. 44, l. 17, au lieu de : *que Rodil eut adopté*, lire : *que Rodil eût adopté*.

P. 53, titre, l. 4, au lieu de : *il s'empara*, lire : *il s'empare*.

P. 79, l. 25, au lieu de : *et de profiter*, lire : *et à profiter*.

P. 80, l. 23, au lieu de : *des chemins*, lire : *des chênaies*.

P. 83, l. 13, au lieu de : *point d'attaque*, lire : *projet d'attaque*.

P. 89, l. 17, au lieu de : *lui offrant*, lire : *lui offrait*.

P. 99, l. 9, au lieu de : *la remit*, lire : *la remit*.

P. 100, l. 4, au lieu de : *en eut fait*, lire : *en eût fait*.

P. 105, l. 18 et 19, au lieu de : *la camgne*, lire : *la campagne*.

P. 111, l. 11, au lieu de : *attaquèrent*, lire : *attaquaient*.

P. 117, l. 7, au lieu de : *au pied*, lire : *aux pieds*.

P. 125, l. 15 et 22, au lieu de : *Lacheia*, lire : *Lachica*.

IMPRIMERIE A. LAMAIGNÈRE, RUE VICTOR HUGO, 39

GOLFO DE VIZCAYA

www.ingramcontent.com/pod-product-compliance
Lightning Source LLC
Chambersburg PA
CBHW071800090426
42737CB00012B/1892